Couverture inférieure manquante

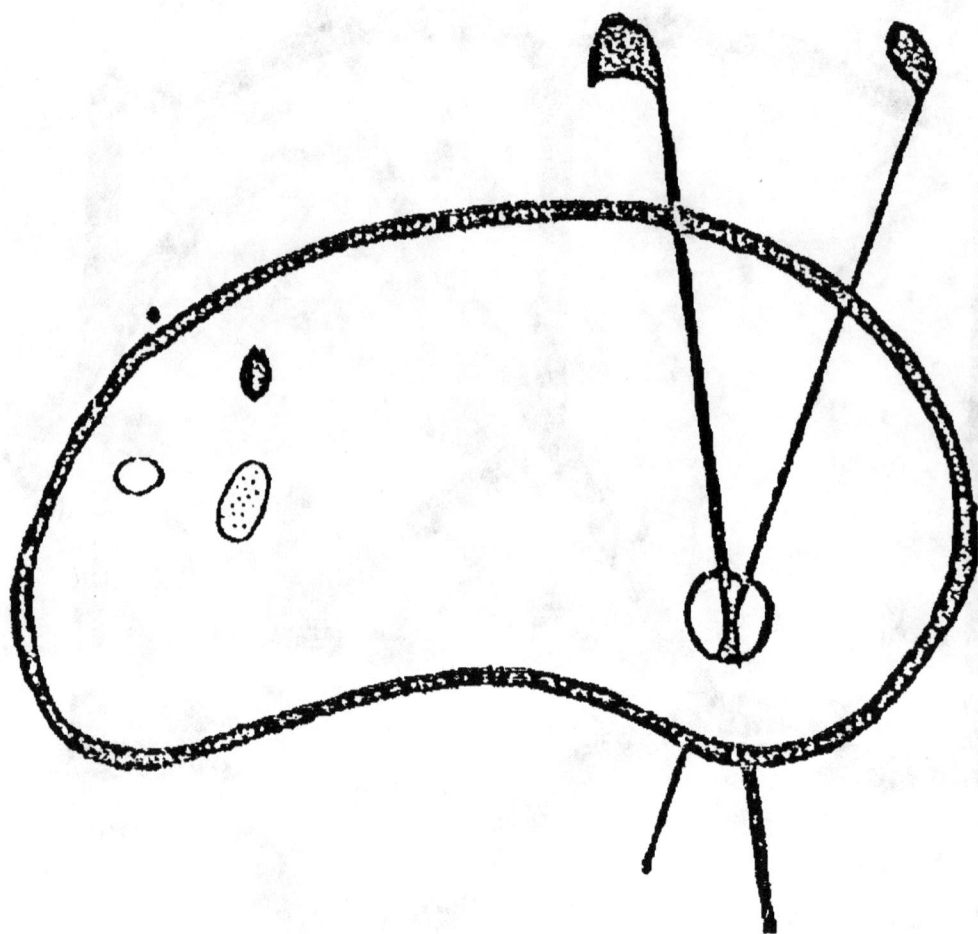

DEBUT D'UNE SERIE DE DOCUMENTS
EN COULEUR

TOURNÉE

DU

CONSEIL DE REVISION

EN 1891

NEVERS

IMPRIMERIE NIVERNAISE, 5, RUE VAUBAN

1891

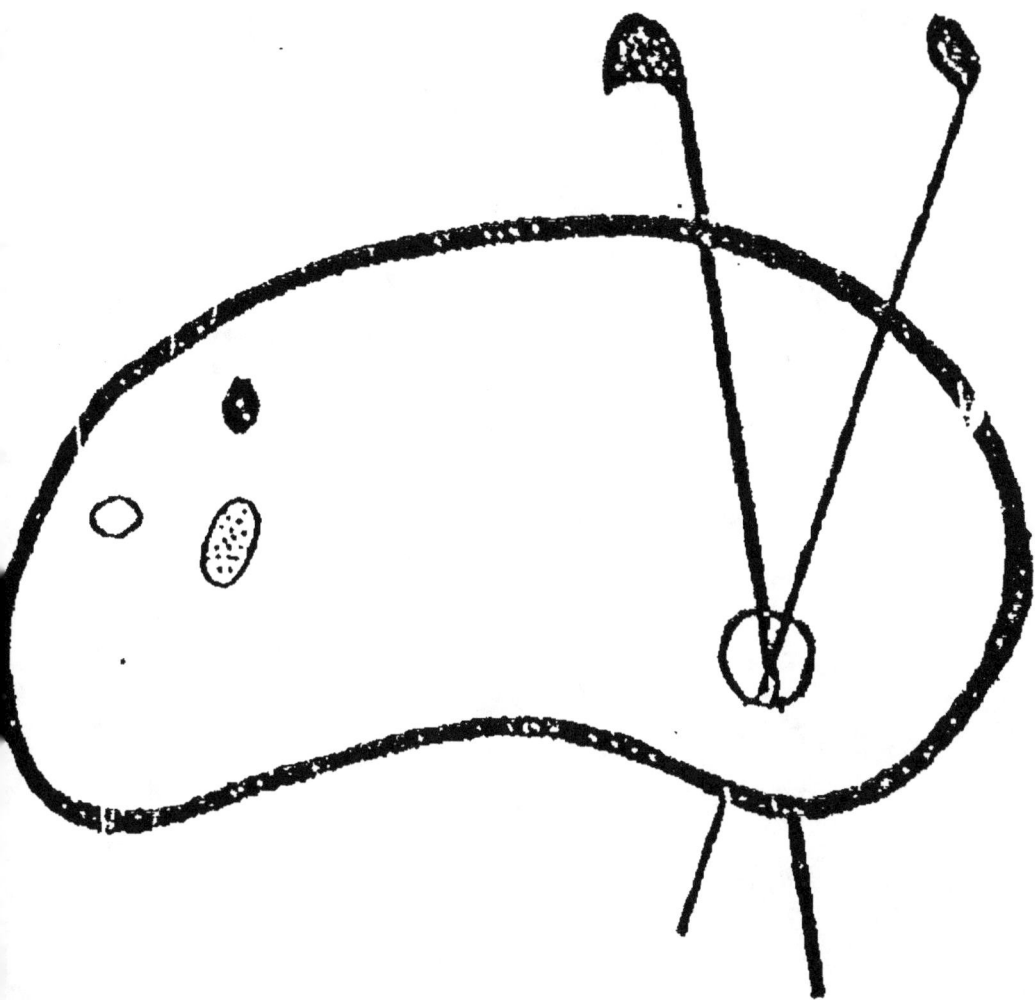

FIN D'UNE SERIE DE DOCUMENTS
EN COULEUR

TOURNÉE

DU

CONSEIL DE REVISION

EN 1891

NEVERS

IMPRIMERIE NIVERNAISE, 5, RUE VAUBAN

—

1891

PRÉFACE

Depuis un certain nombre d'années que nous assistons aux opérations du Conseil de revision dans tout le département de la Nièvre, nous avons remarqué que la plupart des membres qui le composent et qui, presque toujours, sont étrangers au département, cherchent à mettre à profit la tournée qu'ils vont effectuer.

Les uns sont amateurs de beaux sites, les autres d'archéologie, quelques-uns enfin scrutent partout afin de trouver les vestiges laissés par nos pères et par leurs vainqueurs.

Chacun fait donc son apparition, doublé de dictionnaires nivernais, de guides, de cartes géographiques et d'ouvrages destinés à l'éclairer sur les pays traversés, la nature du sol, les ruisseaux, les rivières, les monuments, les ruines, les mœurs et usages des habitants, et sur les faits qui s'y sont accomplis.

Nous avons pensé qu'il était possible de recueillir tous ces renseignements et de les condenser dans un petit volume, tout en écrivant le récit et les pérégrinations de la dernière tournée du Conseil de revision dans la Nièvre, afin d'initier le touriste, sans recherches ennuyeuses et parfois fatigantes, aux choses que nous avons vues, remarquées et admirées.

Bien souvent, pendant ces voyages, visitant quelque vieux monument ou quelque antique castel aujourd'hui en ruines, nous interrogions les gens du pays qui se trouvaient là, les questionnant sur ce qui avait été et sur ce qui s'était passé ici jadis. Presque toujours ils répondaient : « Nous l'ignorons ; nous avons entendu dire qu'il y avait à cet endroit un château et qu'il a été brûlé pendant les anciennes guerres. » C'est tout. Nous faisions appel aux souvenirs des anciens ; impossible d'en tirer autre chose.

Ainsi, voilà des gens qui sont nés dans le pays, y ont grandi, s'y sont mariés et y vivent continuellement ; ils ignorent son histoire et ne font aucun effort pour l'apprendre.

Cela est malheureusement trop vrai, et c'est dans les écoles que l'on devrait apprendre aux enfants toutes ces choses, qui les intéressent directement, puisqu'il s'agit de l'histoire de leur pays, qui est souvent leur propre histoire.

Nous avons donc réuni les renseignements qu'il nous a été possible de recueillir sur place ; nous avons compulsé dans les archives de la Préfecture et dans le *Nivernais* (1840), assemblé et réuni dans ce volume les documents de nature à nous édifier sur les ruines, châteaux, monuments, églises, faits de guerre, ainsi que sur les légendes et histoires marquant bien la couleur des contrées traversées et, d'une manière générale, tout ce qui intéresse le touriste.

Il ne nous reste, en terminant, qu'une chose à dire : c'est que ce travail a été fait sans prétention aucune, — c'est là peut-être son seul mérite. — En tous cas, nous nous estimerons heureux si nous avons pu contribuer à renseigner exactement nos lecteurs sur les vingt-cinq cantons qui composent notre beau département.

UN MOT SUR LE CONSEIL DE REVISION

SA COMPOSITION

Aux termes de l'article 18 de la loi du 15 juillet 1889, le Conseil de revision se compose :

1° Du Préfet, président ; à son défaut, du secrétaire général ;

2° D'un conseiller de préfecture désigné par le Préfet ;

3° D'un membre du conseil général du département autre que le représentant élu dans le canton où la revision a lieu, désigné par la commission départementale, conformément à l'article 82 de la loi du 10 août 1871 ;

4° D'un membre du conseil d'arrondissement, autre que le représentant élu dans le canton où la revision a lieu, désigné comme ci-dessus ;

5° D'un officier général ou supérieur désigné par l'autorité militaire ;

Un sous-intendant militaire, le commandant de recrutement, un médecin militaire du grade de major, désigné par l'autorité militaire, assistent aux opérations du conseil de revision.

Le sous-préfet de l'arrondissement et les maires des communes auxquelles appartiennent les jeunes gens appelés devant le conseil de revision assistent aux séances. Ils ont le droit de présenter des observations.

PRÉFET

Le Préfet préside le conseil ; en cas d'empêchement sérieux, il peut se faire suppléer dans cette fonction par le secrétaire général ou par un conseiller de préfecture qu'il désigne, en tenant compte de l'autorité que donnent l'âge et l'expérience. Si le Préfet se trouvait momenta-

1

nément empêché de siéger pendant la tournée, le conseiller de préfecture présent présiderait au moins provisoirement.

Le président a la direction des opérations et la police de la séance.

OFFICIER GÉNÉRAL

L'officier général appelé à siéger au conseil de revision est celui commandant la subdivision dans laquelle le conseil opère.

Le membre militaire doit tout particulièrement insister auprès du conseil pour faire ajourner ou classer dans le service auxiliaire les jeunes gens qui lui paraîtraient trop faibles, et veiller à ce que ceux dont la taille se rapproche sensiblement du minimum (1 m. 54) soient toisés avec le plus grand soin.

Son attention se porte également sur les notes que le commandant du bureau de recrutement est appelé à prendre en vue de l'affectation ultérieure des jeunes soldats aux différentes armes.

CONSEILLER DE PRÉFECTURE

Le conseiller de préfecture qui fait partie du conseil ne peut remplacer le Préfet comme président, qu'en raison d'événement imprévu. Si l'absence du Préfet se prolonge et s'il ne peut être remplacé ni par le secrétaire général ni par le vice-président du conseil de préfecture, un nouveau conseiller est immédiatement appelé dans le conseil.

CONSEILLERS GÉNÉRAUX ET D'ARRONDISSEMENT

Les membres des conseils généraux et des conseils d'arrondissement appelés à faire partie du conseil de revision doivent, aux termes de l'article 18 de la loi du 15 juillet 1889, être désignés par la commission départementale, conformément à l'article 82 de la loi du 10 août 1871.

Lorsque le conseiller général ou le conseiller d'arrondissement se trouve dans l'impossibilité d'assister au conseil de revision, le Préfet les fait suppléer d'office par les membres appartenant à la même assemblée que l'absent.

Dans la Nièvre, la commission départementale désigne, en dehors du membre du conseil général et du conseil d'arrondissement qui doit siéger au conseil de revision, un suppléant chargé, le cas échéant, de remplacer le titulaire. Si ce dernier est empêché au dernier moment, il en prévient son suppléant assez à temps pour qu'il puisse le remplacer.

Cette manière de procéder évite bien des mécomptes. Depuis bien des années que j'ai l'honneur d'assister au conseil de revision, je n'ai jamais vu le conseil dans l'impossibilité de siéger par suite de l'absence simultanée du conseiller général et du conseiller d'arrondissement.

Si l'on devait s'en rapporter exactement à l'instruction du 28 mars 1890 (Guerre), lorsque le conseiller général ou le conseiller d'arrondissement se trouve dans l'impossibilité d'assister au conseil de revision, il doit en prévenir le Préfet assez à temps, afin qu'avant l'époque fixée pour la séance, ce fonctionnaire puisse convoquer la commission départementale pour la désignation d'un suppléant.

On voit l'impossibilité de se conformer à cette prescription, et nous préférons de beaucoup, et pour cause, le moyen indiqué ci-dessus.

SOUS-INTENDANT MILITAIRE

La loi du 15 juillet 1889 exige la présence au conseil de revision d'un sous-intendant militaire.

Les adjoints à l'intendance ne peuvent donc plus aujourd'hui être délégués près du conseil de revision.

Le sous-intendant n'a pas voix délibérative, mais il est spécialement chargé de veiller à la stricte application de la loi et des instructions ministérielles.

Il remplit en quelque sorte, près du conseil de revision, les fonctions du ministère public auprès des tribunaux civils, et la loi lui donne toute latitude pour faire insérer au procès-verbal les observations qu'il juge convenable.

Hors de sa présence, le conseil ne peut ni délibérer ni prendre une décision.

Il signe le procès-verbal des séances comme les membres du conseil de revision. Il a le droit de prendre communication des dossiers produits Son rôle est véritablement fort actif durant les premières années qui suivent l'application de la loi.

Le ministre considère sa présence aux séances et délibérations publiques ou non, du conseil de revision, comme *essentielle* pour la validité des décisions.

SOUS-PRÉFET

Le Sous-Préfet, ou le fonctionnaire qui a présidé à sa place l'opération du tirage au sort, est appelé par la loi à assister aux séances du conseil de revision, afin que ce conseil soit à même de se renseigner et de statuer, séance tenante, sur toutes les réclamations que peuvent former les jeunes gens, tant au sujet de la vérification des tableaux de recensement que de l'opération même du tirage.

Il a voix consultative.

COMMANDANT DU BUREAU DE RECRUTEMENT

Le commandant du bureau de recrutement doit, aux termes de la loi, assister aux séances de tous les cantons qui composent la subdivision de région.

Il prend note de l'aptitude militaire de chaque homme, en tenant compte de sa taille, de sa profession et de sa constitution physique, ainsi que de la préférence qu'il témoigne pour telle ou telle arme.

Un sous-officier de recrutement assiste le commandant pendant la tournée de sa subdivision. Il est spécialement chargé de prendre le signalement des jeunes gens examinés.

MÉDECIN

L'auxiliaire le plus important du conseil de revision est le médecin. Il doit avoir au moins le grade de médecin-major.

En principe, il n'a que voix consultative, mais son opinion a néammoins un très grand poids en ce qui touche l'aptitude ou l'inaptitude militaire. Elle est surtout le plus souvent décisive pour déterminer les vices de conformation et les infirmités qui doivent entraîner l'exemption ou le classement dans les services auxiliaires.

Dans tous les cas où la question d'exemption est agitée devant le conseil de revision, la loi exige formellement que la décision ne soit rendue qu'après que le médecin ait préalablement donné son avis.

Le même médecin doit, autant que possible, faire toute la tournée.

MAIRES

Les maires de toutes les communes du canton sont tenus d'être présents au conseil de révision.

Le conseil les consulte utilement, soit pour la constatation de l'identité des jeunes gens, soit pour certaines infirmités sur lesquelles la notoriété publique doit venir en aide à l'appréciation du médecin, soit enfin dans le cas où s'élèveraient contre un appelé des présomptions de mutilation volontaire, etc.

SECRÉTAIRE DU CONSEIL.

Enfin, bien que la loi n'en parle pas, n'omettons pas de mentionner le secrétaire du conseil de revision, qui prépare les convocations et les dossiers, met en ordre les instructions et autres objets matériels, tient la plume pendant les séances, rédige les procès-verbaux, mentionne les décisions rendues successivement sur les différentes listes et prend note des incidents ou des circonstances dont il importe de ne point perdre la mémoire, par exemple du résultat de la visite opérée en d'autres cantons ou séances, soit de parents, soit de jeunes gens, alors que le conseil sursoit à statuer au fond, ou des renseignements recueillis pendant la tournée, sur les candidats à la dispense provisoire en qualité de soutiens de famille, dont les titres respectifs ne seront examinés qu'à la fin des opérations.

Ce secrétaire, désigné par le Préfet, est ordinairement le chef de la division ou du bureau des affaires militaires de la préfecture. Il n'a point de caractère officiel, mais si cette circonstance non moins que la hiérarchie lui font un devoir étroit de se tenir dans une prudente réserve, son concours n'en est pas moins hautement apprécié quand il sait unir le sentiment des convenances à la connaissance approfondie des textes et de la pratique.

Son rôle est loin d'être sans importance, à raison surtout de la rapidité des opérations : c'est l'aide-mémoire du conseil de revision. Souvent seul représentant de la tradition au milieu d'un personnel et d'une législation renouvelés, il ne lui est pas toujours permis d'opposer timidement les conseils de l'expérience à de téméraires innovations : il ne doit parler que lorsqu'on l'interroge. Mais les membres du conseil de revision, tout en appréciant son attitude modeste et discrète, sont ordinairement heureux de faire appel à ses souvenirs et à ses connaissances techniques. Il est souvent assisté d'un employé de sous-préfecture, toujours de ceux des principales mairies des chefs-lieux de cantons.

OFFICIERS DE GENDARMERIE

L'officier de gendarmerie commandant l'arrondissement dans lequel opère le conseil de revision doit être présent au lieu des séances, avec la force suffisante pour assurer le maintien du bon ordre et l'exécution de la loi.

Les gendarmes sont employés près du conseil pour assurer le bon ordre et prêter main forte, au besoin, pour l'exécution de la loi.

Un gendarme est chargé de toiser les jeunes gens, un autre de faire l'appel des jeunes gens convoqués.

PLACES ET RANGS

Les membres du conseil de revision, ainsi que les fonctionnaires civils ou militaires que la loi désigne comme devant assister aux séances, doivent s'y rendre revêtus du costume ou des insignes extérieurs auxquels on peut reconnaître leur caractère public.

Le général ou l'officier supérieur prend, quelque soit son grade, rang après le Président; il s'assied à sa droite.

Le conseiller de préfecture se place à la gauche du Président.

Le conseiller général occupe la seconde place à droite, et le conseiller d'arrondissement la seconde à gauche.

Le sous-intendant militaire, n'ayant que voix consultative, ne siège point parmi les membres du conseil de revision, mais il doit avoir une place spéciale immédiatement à la droite du conseil.

Le secrétaire du conseil se place à gauche, en face de M. le Sous-Intendant.

Le Président donne au commandant du bureau de recrutement toute facilité pour choisir une place qui lui permette de remplir les fonctions spéciales que la loi lui assigne.

Les membres et assistants désignés en 1891 pour le conseil de revision sont :

MM. Bruman, préfet de la Nièvre, président ;

Pinet de Menteyer, secrétaire général, suppléant ;

Bernard, général commandant la 31ᵉ brigade d'infanterie, à Bourges, pour les arrondissements de Cosne et de Clamecy ;

Livet, général commandant la 32ᵉ brigade d'infanterie, à Nevers, pour les arrondissements de Nevers et de Château-Chinon ;

Cazac, lieutenant-colonel du 29ᵉ de ligne, à Autun, suppléant ;

Dumoulin, vice-président du conseil de préfecture ;

Esmelin, conseiller de préfecture ;

Sander Rang des Adrets,   id.

Magot, sous-préfet de Cosne ;

Lejeune,   —   de Clamecy ;

Prêtre,   —   de Château-Chinon ;

Claude, sous-intendant militaire ;

Beaudelin, commandant du bureau de recrutement de Cosne ;

Beaumont, commandant du bureau de recrutement de Nevers ;

Folie-Desjardins, médecin-major de 1re classe, au 85e de ligne, à Cosne ;

Gabriel, médecin-major de 1re classe, au 37e régiment d'artillerie, à Bourges, pour le canton de Cosne ;

Gélin (Charles), chef du bureau militaire de la préfecture, secrétaire ;

Dans chaque arrondissement :

MM. Reau, capitaine de gendarmerie, à Nevers ;
Caput,   —   à Clamecy ;
Loegel,   —   à Cosne ;
Dore, lieutenant de gendarmerie, à Château-Chinon.

Samedi 11 avril 1891

ÉTRANGERS AU DÉPARTEMENT

Séance à Nevers

A deux heures du soir, à la Mairie.

La séance concernant la visite des étrangers au chef-lieu du département provoque la première réunion du conseil de revision. Elle est courte. Une heure et demie à peine, et on se sépare en se promettant de se retrouver le lundi d'après, pour le voyage de l'arrondissement de Cosne.

Le temps s'est mis au beau. Je crois que nous serons favorisés, au moins de ce côté. Je vais commencer ma treizième tournée de revision et, comme les premières années, j'éprouve une sensation agréable à la pensée de quitter pour un certain temps mes occupations habituelles.

Je vais revoir la campagne, les villes, les villages que je contemplais ces années passées, recevoir de nouveau, dans quelques maisons hospitalières, cet accueil si cordial et si franc dont le souvenir ne s'effacera jamais, devrais-je vivre cent ans !

CANTON DE COSNE (7.790 habitants) (1)

Lundi 13 avril 1891, séance à deux heures.

Dix heures et demie. Mon sac de voyage est complet : habits de soirée, paperasses, costume de rechange, tout y est bourré, empilé et bouclé.

Un léger déjeuner, et en route pour la gare, l'express part à midi 12.

Voici le général Bernard qui semble rajeuni depuis l'année dernière, accompagné du docteur Gabriel, désigné pour assister le conseil de revision à Cosne.

Chacun des membres ou assistants est arrivé. Nous prenons place dans un compartiment réservé. Un coup de sifflet, et en route !

De Nevers à Cosne, le chemin est bientôt fait. Les pays décrits par M. de Montalivet : *un heureux coin de terre*, défilent rapidement sous nos yeux. Fourchambault avec ses usines en pleine activité ; une fumée noirâtre s'échappe des hautes cheminées. Plus loin, c'est Pougues-les-Eaux. Voilà le château de M. Bert, maire de Pougues ; un peu plus loin, la source Élisabeth qui appartient à M. Massé, ancien sénateur. Au fond, la Loire se déroule comme un large ruban argenté. La Charité, que nous reverrons

---

(1) Ce chiffre indique seulement la population agglomérée du chef-lieu de canton.

ces jours prochains. Pouilly, avec ses vignes qui sont encore endormies. Ce château situé à quelque distance de la ligne, à gauche, appartient à M. de Bourgoing, conseiller général de la Nièvre ; c'est le château de Mouron, à Mesves. Cet autre plus loin, à droite de la ligne, est le château de Tracy-sur-Loire ; propriétaire, M. le comte de Laubespin, sénateur, ancien aide de camp du maréchal Vallée.

Le train s'arrête. Nous sommes à Sancerre. Nous apercevons distinctement les maisons, au-delà de la Loire, placées en amphithéâtre et s'étageant jusqu'au sommet où se dresse le château. Nous repartons. Le soleil qui s'était peu montré dans la matinée parvient enfin à percer les nuages. Déjà nous distinguons les environs de Cosne, les travaux du chemin de fer pour la ligne de Cosne à Clamecy, le pont stratégique sur la Loire. Voici les casernes du 85° de ligne, baraquements système Tholle, et... Cosne.

Sur le quai, plusieurs personnes sont groupées autour d'un personnage en brillant uniforme. C'est M. Magot, le sympathique sous-préfet de l'arrondissement de Cosne, qui nous accueille avec son amabilité habituelle. M. Gourrier, maire de Cosne, les adjoints, M. Poupet, secrétaire de la sous-préfecture, et plusieurs fonctionnaires, sur leur trente et un, l'accompagnent. Après les compliments d'usage, le cortège se met en marche pour la mairie où tout est disposé pour la séance.

Quatre heures et demie, notre besogne est terminée, le dîner du sous-préfet est à sept heures, j'ai deux heures devant moi. Profitons-en pour faire une promenade à travers cette bonne ville de Cosne.

Un beau pont suspendu relie Cosne à la rive

gauche de la Loire. Au-delà du pont, une île où l'on voit un joli châlet qui doit servir de rendez-vous de chasse. Elle appartient à M. le marquis de Vogué. Les lapins qui la peuplent s'en donnent à qui mieux mieux, et nous en distinguons plusieurs familles qui s'ébattent à travers les verdiaux et les herbes touffues.

Des quais que nous regagnons, on jouit d'une belle vue sur la Loire et sur les collines du Berry. On voit Sancerre.

Nous voici en face de l'église Saint-Agnan ; le style en est moderne, à l'exception de l'abside et du portail qui sont du douzième siècle. Les sculptures qui les décorent sont assez curieuses. La chapelle Notre-Dame de Galles est une jolie construction du douzième et du quinzième siècle. Actuellement elle sert d'écurie. L'église St-Jacques que nous visitons date du quinzième siècle.

Le palais de justice est un bâtiment énorme, moderne, style Louis XIII. On dirait qu'on l'a placé là pour masquer la sous-préfecture. Heureusement pour le Sous-Préfet qui l'habite, cette dernière possède un jardin magnifique en terrasse, qui domine la Loire et duquel on a une vue superbe. C'est un endroit délicieux, au milieu de massifs de verdure, ombragé par des marronniers séculaires. Pour rêver, ah ! qu'on est bien là.

L'heure s'avance : six heures et demie, rentrons à l'hôtel du *Grand-Cerf*, que nous habitons provisoirement, afin de nous habiller pour nous rendre à l'invitation de notre gracieux amphytrion.

Pénétrons dans les salons de la sous-préfecture. Nous allons saluer Mme Magot qui, à peine remise d'une longue maladie, a tenu à faire les honneurs de sa maison. Elle s'en acquitte fort bien d'ailleurs.

Nous sommes au complet. Les principaux fonctionnaires civils et militaires de Cosne sont là, et chacun lie conversation avec ses voisins. Un larbin paraît : « Madame est servie. » Notre aimable Préfet, M. Bruman, offre le bras à Mme Magot, et nous suivons. Chacun s'installe commodément à la place qui lui a été assignée et se dispose à attaquer vigoureusement les mets.

On sent que la maîtresse de la maison a surveillé et donné des ordres en conséquence. Tout est servi à point et bien ordonné. Le dîner est excellent. Les vins vieux et le champagne délient les langues les plus paralysées ; on parle, on élève la voix, *on rit, on babille, le cœur est ouvert et la gaieté brille au moment du dessert....*

Tout à coup, de joyeux accords se font entendre. C'est la musique civile de Cosne qui vient donner un concert en l'honneur du Préfet et du conseil de revision. Cette société paraît assez complète, nous applaudissons surtout une fantaisie sur les *Dragons de Villars*, de Maillard. Trois solistes s'y font entendre : le trombone chante avec attendrissement la romance : *Ne parle pas, Rose, je t'en supplie...*, le cornet à pistons roucoule : *Espoir charmant*, et un saxophone, l'air : *Il m'aime !...* Le programme fort bien composé est parfaitement exécuté. On termine par l'immortelle *Marseillaise*.

Les musiciens copieusement rafraîchis se retirent après avoir reçu les félicitations de l'assemblée et particulièrement de M. le Préfet et de M. le Sous-Préfet de Cosne.

La soirée continue, les uns jouent à l'écarté, d'autres au wisth. Plusieurs groupes sont formés. On cause, tout en fumant. L'ami G...,

conseiller général du canton, est toujours plein
de verve. Il nous raconte ses débuts dans la carrière politique et nous intéresse beaucoup. On se
rend difficilement compte des péripéties diverses que doit traverser un candidat et des luttes
qu'il a à soutenir constamment... M. G..., qui
combat à l'avant-garde, est certainement appelé
à jouer un rôle plus important, dans un
temps peu éloigné, croyons-nous. C'est un caractère bien marqué.

Il fut l'adversaire, en 1886, dans le canton de
Saint-Saulge, de M. de S..., qui ne l'emporta sur
lui qu'à 200 voix de majorité. Ce résultat serait
dû aux histoires plus ou moins fantaisistes que
les journaux qui combattaient la candidature G...
lancèrent dans le public ; notamment la fameuse histoire du *lampadaire* de l'église de
Rouy, que l'on aurait offert au curé pour s'attirer
les faveurs d'en haut et les voix des électeurs; ce
qui n'aurait pas réussi du tout, comme vous
voyez.

Minuit, il est temps de nous retirer. Nous
allons saluer nos aimables hôtes, et nous quittons la sous-préfecture, enchantés de l'accueil
que nous y avons reçu.

Détail à noter : la ville de Cosne n'est pas
éclairée la nuit.

<hr />

Mardi 14 avril 1891
CANTON DE SAINT-AMAND (2,496 habitants)
Séance à deux heures du soir

On ne dort guère dans les hôtels, surtout le
matin. Le bruit des omnibus qui vont à la gare
et qui en reviennent, les voyageurs qui se font
réveiller de bon matin, tout cela fait un vacarme
à mettre sur pied le meilleur dormeur.

Il est à peine six heures et demie. Nous ne partons qu'à midi. Profitons-en pour aller faire une promenade au pont stratégique. Il suffit de remonter le cours de la Loire, durant cinq kilomètres.

Quel beau fleuve ! et dire que la Loire, lorsqu'elle arrive sur le territoire de la Nièvre, a déjà parcouru à peu près le tiers de sa longueur, qui dépasse mille kilomètres. C'est un fleuve capricieux. Au-dessus du point où elle a le plus de profondeur et de régularité, elle ne couvre son lit qu'à la suite des grandes pluies, des fontes de neige au printemps et quelquefois en été. Alors elle est terrible et peut couler jusqu'à 10,000 mètres cubes d'eau par seconde, c'est-à-dire 10 millions de litres d'eau ; tandis qu'à l'étiage, autrement dit aux eaux basses, on la voit descendre à 25 mètres cubes par seconde devant Nevers. En résumé, la moyenne de son débit, étiage et crues compris, est de 985 mètres cubes d'eau par seconde.

Le Nohain, ruisseau assez abondant, coule en plusieurs bras dans les prairies de Cosne, après avoir baigné Entrains, Donzy, Suilly-la-Tour. Il se déverse dans la Loire, tout près du pont de Cosne.

Grossi tout le long de son cours par d'abondantes fontaines, dans un bassin essentiellement perméable, le Nohain n'a point de crues subites ; il n'enfle que lentement par l'accroissement de débit de ses sources. Il rend de grands services à l'industrie, et l'on compte un grand nombre de moulins, de tanneries, d'usines diverses dans son vallon quelque peu marécageux, et dans ceux de ses affluents.

Nous voici à la passerelle qui précède la construction du pont stratégique sur la Loire. Elle est élevée sur pilotis. On a enlevé des quantités considérables de sables, et à une profondeur de 10 à 15 mètres, on coule du béton.

Il faut penser au départ, puisque nous devons déjeuner avant d'aller à Saint-Amand.

Nous montons en voiture. De Cosne à Saint-Amand, il y a 19 kilomètres à rouler sur un terrain plat. Les terres sont mauvaises, pierreuses, et çà et là on aperçoit quelques champs de blé, de seigle. Parfois, quelques bouquets d'arbres agrémentent le paysage et viennent rompre la monotonie de la plaine. Quelques fabriques de pots, cruches, tuyaux de poterie et de grès s'échelonnent sur la route, et l'on entre dans Saint-Amand. Une seule rue, en pente, point belle du tout. Il est deux heures moins cinq minutes, la séance va commencer.

Une heure trois quarts de séance, et nous voilà libres. Profitons-en pour pousser une pointe au vieux château de Saint-Amand, bâti de 1530 à 1540, dans le style de la Renaissance, par Antoine de Rochechouart.

La ville de Saint-Amand, qui se nommait autrefois *Nantiniacum*, et avait une paroisse au sixième siècle, paraît avoir eu quelque importance. On y a trouvé des médailles des premiers empereurs et de nombreux fragments de poteries romaines. Ville capitale de la Puisaye, Saint-Amand était la propriété des barons de Toucy. Dès lors elle eut un château fort qui fut brûlé pendant la guerre de Cent ans. Après la paix, la terre fut quelque temps abandonnée ; les marquis de Puisaye y revinrent et firent élever le beau château que nous voyons aujourd'hui. Il n'est pas sans ressemblance avec celui de Fontainebleau. Les protestants se rendirent maîtres de la ville en 1562, et la brûlèrent sept ans après.

L'église de Saint-Amand n'a rien de remarquable. Gravissons le sommet et visitons l'école communale des filles et des garçons. C'est un beau bâtiment élevé sur un magnifique plateau. C'est grand, spacieux et bien aménagé.

Le ruisseau qui coule au pied de Saint-Amand est la Vrille.

On a donné à Saint-Amand-en-Puisaye le nom de Saint-Amand-les-Cruches. Les uns prétendent que c'est à cause des cruches que l'on y fabrique et qui sont fort réputées. D'autres, les mauvaises langues, sans doute, avancent, probablement à tort, que c'est à la naïveté de ses habitants que Saint-Amand doit cette addition à son nom. Il ne nous semble pas qu'ils soient plus naïfs que les autres, surtout quand leurs intérêts sont en jeu.

Mercredi 15 avril 1891

CANTON DE DONZY (3.550 habitants)

Séance à une heure et demie

La séance n'est qu'à une heure et demie. Profitons de notre matinée pour visiter l'église de Notre-Dame-du-Pré et le prieuré de Donzy-le-Pré, en ruines. C'est une œuvre du douzième siècle. Le portail est de style byzantin, les nefs, qui subsistent en partie, ont l'ogive romane; la partie supérieure du clocher qui, du reste, n'est plus entier, date du treizième siècle.

C'est entre ce monastère et les eaux du Nohain que s'étendait autrefois la ville de Donzy. D'après Guy-Coquille, une colonie romaine, conduite par un chevalier nommé *Dionysius*, en aurait jeté les premiers fondements vers l'an 220.

Donzy vit ses murailles forcées et son château rasé par Louis VII. Dans ses courses dévastatrices, après la bataille de Poitiers, l'Anglais dut porter ses ravages jusqu'ici. Les troupes de Charles VII l'assiégèrent en 1431 par le motif qu'elle s'était refusée à reconnaître l'autorité royale. Elle fut prise d'assaut le 13 mai et presque entièrement détruite. Les habitants, découragés par ce désastre, passèrent les eaux du Nohain et s'établirent autour de l'église romane de Saint-Caradheu, au bas du château baronnial qui avait été relevé dans les premières années du siècle précédent. Il reste de ce donjon une faible partie. Sis au sommet d'un rocher isolé de tous côtés, il est encore entouré de sa double enceinte guerrière.

Voici l'heure du déjeuner. Entrons à l'hôtel de la *Charrue*, près de la mairie et de la maison d'école. Cette course matinale a stimulé notre appétit, et ce n'est pas sans besoin que nous consommons un plantureux repas.

Le mari de notre hôtesse, M. Müri, est un artiste de talent. Il nous montre ses œuvres, différents tableaux de peinture dont plusieurs ont eu les honneurs du Salon, et des gravures, eaux-fortes, merveilleusement exécutées.

C'est à Donzy qu'habitait autrefois (il est mort il y a trois ans) un fameux médecin appelé docteur Mal-Dent. En 1881, pendant une tournée de revision, notre préfet, M. L...., eut une rage de dents épouvantable qui l'empêcha de dormir toute la nuit. Le lendemain, on fut quérir le docteur Mal-Dent. Le nom de ce monsieur produisit un tel effet sur notre préfet, qu'il se trouva guéri instantanément. La guérison se compléta par un verre de chartreuse verte. C'est encore à Donzy, que la même année M. D..., alors sous-préfet de Cosne, contracta la fameuse entorse qui le tint un bon mois alité.

Autrefois les écrevisses y abondaient, et il n'était pas rare que l'on en servit matin et soir, à l'hôtel, en quantité prodigieuse.

La séance terminée, nous remontons en voiture. En passant, nous jetons un coup d'œil sur les travaux du chemin de fer qui s'achèvent rapidement.

L'année prochaine, nous pourrons venir à Donzy par la nouvelle ligne de Cosne à Clamecy.

Nous arrivons à temps pour prendre le train de 5 h. 10 du soir à la gare de Cosne, et nous serons à Pouilly à six heures.

Jeudi 16 avril 1891

CANTON DE POUILLY (3,100 habitants)

Séance à dix heures et demie du matin

Pouilly est renommé par le fumet de son vin sec et pétillant. Le matin avant d'aller travailler dans les vignes, les vignerons *tuent le ver*, en absorbant une certaine quantité de vin blanc pur. La plupart cassent une croûte avec un morceau de fromage. De maison en maison, on choque le verre, on s'invite réciproquement, on s'offre une tournée. Il n'est pas rare pour beaucoup de vignerons de se mettre au travail après avoir absorbé deux ou trois litres de vin blanc.

Cela répété tous les jours, les gens y sont tellement habitués, que cet arrosage matinal leur est devenu indispensable.

Chaque propriétaire a de côté sa réserve, son vin à lui qu'il boira en faisant boire les amis. Ce vin, fait avec un raisin dont le goût est très agréable, nommé blanc-fumé, devient très capiteux en vieillissant. Il se laisse boire. Son léger goût de pierre à fusil flatte le palais, vous le trouvez exquis. Une heure après, vous êtes assailli par un mal de tête épouvantable et vous sentez comme une barre de fer qui vous étreint le front.

Les vignerons de Pouilly, Saint-Andelain et environs, qui font une grande consommation de ce nectar de leurs vignes, dans la vieillesse, lorsqu'ils y parviennent, tremblent comme des chiens mouillés.

Depuis une quinzaine d'années, les propriétaires du canton envoient leur raisin à Paris ; je parle du chasselas, le blanc-fumé est soigneusement conservé pour le vin de choix. Ces raisins sont expédiés dans des paniers carrés contenant 8, 15 et 20 kilogrammes. Les Parisiens les accueillent avec joie et les enlèvent en un clin d'œil dès leur apparition à la halle, où ils peuvent lutter avantageusement avec les chasselas de Thomery et de Fontainebleau.

La séance du conseil est à dix heures et demie du matin. Profitons de l'offre bienveillante de M. Choquet, adjoint au maire de Pouilly, pour aller visiter son établissement. On y conserve des raisins pendant toute l'année, ainsi que des asperges. Les locaux sont très vastes, ils sont traversés par des thermosiphons qui donnent partout, dans les différentes pièces, une température constante de 8 à 9 degrés, pas plus, pas moins. Sur des rayons superposés, sont placées des fioles contenant de l'eau à la température indiquée plus haut ; au fond de chaque fiole, de la poussière de charbon destinée à la conservation de l'eau. Dans chaque fiole, baigne la tige d'une superbe grappe de raisin blanc.

Pour conserver plus longtemps les grappes, on a bien soin de couper les ceps ou sarments à 15 ou 20 centimètres de la tige et de rafraîchir le bois de temps en temps en en coupant un morceau.

Les raisins ainsi conservés sont parfaits, et on dirait qu'on vient de les prendre dans la vigne tellement ils sont frais et dorés.

En raison des soins ainsi prodigués à ces raisins, ils se vendent assez cher : de 1 fr. 50 à 2 francs le kilogramme suivant que la saison est plus ou moins avancée. Les malades les accueillent avec grand plaisir. Ils figurent très avantageusement sur la table dans les grands diners.

Nous montons la côte que traverse la route de Paris. Ici le monde antédiluvien a laissé des traces de son existence ; on y a trouvé quatre vertèbres pétrifiés d'un plésiosaure, énorme reptile dont la race est perdue aujourd'hui.

Les amateurs de beaux sites doivent gravir au-dessus du lieu où l'on a fait ces découvertes, et, se tournant au Midi, saluer par un beau soleil la magnifique vue qui se déroule devant eux. D'abord, c'est la Loire qui serpente à leurs pieds et semble prendre plaisir à former d'immenses méandres d'argent au milieu d'un océan de verdure ; ici, c'est Pouilly avec quelques restes de tours qui marquent encore son enceinte guerrière ; plus bas, Mesves, les frais ombrages de Mouron, et, dans le fond qui étincelle, la pyramide du clocher de la Charité et ses deux ponts, à peine interrompus par l'île du Faubourg. A l'Occident, le regard, après s'être promené sur les bois du Berry, vient s'arrêter enchanté sur les ruines de Sancerre.

A Pouilly, rien ne rappelle le séjour des Romains, si ce n'est quelques monnaies peu nombreuses qu'on y a trouvées, et une médaille à l'effigie de Salonine.

Au septième siècle, c'était une riche villa qui appartenait à saint Virgile, évêque d'Auxerre ; il en fit don à un couvent qu'il avait bâti aux portes de sa ville épiscopale.

C'est après la guerre de Cent ans qu'a été reconstruite l'église paroissiale. Cet édifice a beaucoup souffert dans les guerres religieuses : incendié pendant que les protestants étaient maîtres de Pouilly, il a perdu ses voûtes, à l'exception de celle qui couvre le chœur. Le château qui est attenant à l'église a été refait presque en entier vers le milieu du dix-septième siècle ; il n'offre d'intéressant que la façade du Nord : elle est sévère et se présente flanquée de deux tourelles qui prennent naissance par deux larges boudins au-dessus du rez-de-chaussée, et s'appuient sur de gros contreforts accouplés deux à deux.

La séance est terminée, il est midi un quart. Nous allons à l'hôtel de *l'Écu de France*, où l'on nous sert un copieux déjeuner dans lequel figure toujours la traditionnelle tête de veau du conseil de revision.

Les conscrits sont bruyants à Pouilly, le vin blanc commence à produire son effet. Tous les ans il en est ainsi, et il n'est pas rare que le jour où le conseil de revision opère, il se produise quelque rixe sanglante ou quelque événement comique, suivant que le vin blanc, agissant sur des tempéraments divers, pousse le sujet à la tristesse ou à la gaieté. Il en est qui, d'ordinaire très calmes, deviennent tout à coup amoureux sous l'effet du vin blanc. Ceux-là ont le vin tendre. D'autres tombent dans un marasme complet et deviennent très impressionnables. Ils ont le vin triste...

Il y a quelques années, à Pouilly, un nommé B..., de la commune de Saint-Andelain, étant

conscrit de la classe, passa devant le conseil de
revision qui le déclara bon pour le service militaire. B..., qui mourait d'envie d'être soldat,
voyant ses vœux ainsi exaucés, ne se possédait
plus de joie. Le matin, avant la visite, il avait
absorbé, en compagnie de ses camarades, une
prodigieuse quantité de vin blanc. Il se mit donc
à sauter et à gambader dans la salle du conseil.
Après avoir exécuté quelques entrechats de la
plus haute fantaisie, il prend ses effets sous le
bras, et sans se donner la peine de passer seulement
ment la chemise, il se précipite tout nu dans la
rue, suivi de près par un gendarme.

B... traverse la rue remplie de monde. Les
femmes, en le voyant dans ce costume un peu
trop primitif, poussent des cris perçants et ont
envie de se trouver mal... Les hommes le huent.
Le conscrit ne se déconcerte pas ; il continue bra-
vement sa course, pénètre dans le café P..., au
grand ébahissement des consommateurs, et
grimpe au premier étage où *Pandore*, qui a
réussi à le rattraper, le somme de passer ses effets et dresse procès-verbal contre lui.

Quelques jours après, le tribunal correctionnel
de Cosne condamnait B... à 25 francs d'amende
seulement, tenant compte, sans doute, du bon
mouvement qui l'avait poussé.

Vendredi 17 avril 1891
CANTON DE LA CHARITÉ (5.463 habitants)
Séance à deux heures du soir

Le voyageur, placé sur la rive gauche de la
Loire, est frappé de l'aspect pittoresque que présente la Charité. Adossée à des coteaux dont les
vignes l'encadrent symétriquement au Nord, au

Sud et à l'Est, cette ville dresse dans les airs son
clocher aigu, tandis que ses deux ponts s'appuient fraternellement sur l'île du Faubourg, et
mirent leurs arches dans le fleuve. La Charité
était environnée d'une formidable enceinte toute
garnie de créneaux et de meurtrières d'où par-
tait la mort ; elle n'a plus que des murs crou-
lants, en ruine, à demi voilés par les vertes feuilles du lierre et ses grappes d'ébène.

Ville monastique et place de guerre, ce n'est
pas seulement dans les annales du Nivernais que
la Charité a marqué sa place ; son nom brille
d'un vif éclat dans l'histoire de France.

LA CHARITÉ, VILLE MONASTIQUE

Si l'on en croit la chronique, à la place de
la Charité s'élevait autrefois un bourg connu
sous le nom de *Séyr* ou *Cyr*. Vers l'année 700,
les habitants furent convertis à la foi par un
diacre nommé Loup, et le seigneur du lieu, Rol-
lon ou Rolland de Roussillon, y fonda une église
et un monastère où s'établirent des religieux
soumis à la règle de saint Basile. Ce couvent
fut renversé un demi-siècle après par les Vas-
cons et relevé en 754 par le roi Pépin. Il fut dé-
truit, relevé, tour à tour. Puis, surviennent les
troubles et les guerres de religion qui désolent
le pays tout entier et n'épargnent point la Charité. Son pont établissait la communication avec
le Berry.

Pendant la première guerre civile, elle fut
prise par les protestants en 1560, reprise par les
catholiques en 1561, reprise par les protestants
en 1563, et enfin rendue au roi Charles IX, lors de
la paix d'Amboise.

Les premiers fondements de l'église de la Charité furent jetés par un nommé Gérard, prieur
de la terre de Seyr, envoyé là avec une colonie

de religieux, par Geoffroi de Champallement, évèque d'Auxerre, qui voulut rendre cette terre à sa véritable destination. Ce Gérard était Nivernais.

Il traça lui-même, à ce qu'il paraît, le plan du monastère et commença les constructions immenses dont les frais furent supportés par les fondateurs. Son administration fut habile et il sut tirer des habitants, sans trop les faire crier, tout ce qu'ils pouvaient rendre. Il mourut avant d'avoir achevé l'église de la Charité. Cet honneur était réservé au deuxième prieur, Vilencus, qui la fit consacrer en 1106, par le pape Pascal II, au milieu d'une affluence considérable venue de tous les points de la France.

Conçue sur un plan gigantesque, l'église devait être magnifique, si l'on en juge par ce qui reste d'entier, la nef transversale, le chœur et les sept hémicycles dont il est accompagné. Sa forme était celle d'une croix latine, et elle avait de l'Ouest à l'Est cinq nefs parallèles. Le frontispice se présentait flanqué de deux énormes tours carrées, ornées sur toutes leurs faces de sculptures relatives à l'Orient et aux Croisades, et sur le côté principal, d'arcades où figuraient des représentations pieuses, sous des archivoltes byzantines d'une prodigieuse richesse d'ornements. De l'église Sainte-Croix, il ne reste plus qu'une partie de la tour du Nord.

Tout incomplète qu'elle est, malgré les mutilations qu'elle a subies au seizième siècle, l'église de la Charité est belle encore, son étendue frappe l'imagination du poète; le philosophe s'arrête pensif, et l'antiquaire, la comparant à ce qu'il connaît de plus insigne dans ce genre, la proclame le type le plus beau et le plus pur de l'art aux onzième et douzième siècles.

Une ville ne pouvait tarder à se former, à s'agglomérer autour du couvent dont l'étendue était fort considérable. Tout d'abord on y accourut de toutes parts ; les malheureux disaient : *Allons à la charité des saints pères ;* de là vient le nom de la Charité, ainsi que le signe héraldique des armes du monastère, *trois bourses d'or, liées et ampadonnées de même sur un champ d'azur.* La légende qui les accompagne, *in varietate securitas,* est sans doute une allusion au calme de la vie monastique, partagée entre le travail des mains et celui de l'intelligence.

En 1081, ce lieu avait assez d'importance pour que les religieux aient obtenu l'autorisation de le clore de murailles. C'est le roi Philippe Ier qui leur accorda ce privilège.

« Les moines, rapporte la chronique, ne furent pas toujours des modèles de vertu. Débauchés, gouailleurs et paillards, ils aimaient fort, lors des fêtes, la bonne chère, la dive bouteille et les frais minois. Plusieurs d'entre eux étaient délégués pour aller quérir à domicile des jeunes filles, *au nombre de vingt par mois,* lit-on, pour prendre part à leurs joies et à leurs ripailles. Elles étaient ensuite rendues à leurs familles. »

A un moment donné, l'intervention du pape fut nécessaire pour mettre fin à tous leurs dérèglements, et à cette époque, c'est-à-dire en 1250, le prieur et les religieux étalaient un luxe qui n'allait guère à la simplicité de la vie monastique. Ces scandales provoquèrent l'intervention de Grégoire IX.

LA CHARITÉ, PLACE DE GUERRE

La Charité, comme place de guerre, n'apparaît dans l'histoire qu'après la désastreuse journée de Poitiers, en 1359.

Elle eut à soutenir plusieurs guerres ; dans la troisième, en 1569, elle vit arriver devant ses murs des bandes de lansquenets qu'amenait Wolfang de Bavière, duc des Deux-Ponts, que les huguenots avaient appelé à leur secours. Il était nommé Wolfang le Cruel. Il entre en France et arrive, par l'Auxerrois, au cœur du Nivernais, à la tête de 20,000 hommes. Averti du peu de monde qui était dans la Charité, il s'en approche, l'investit et la canonne sans relâche. Le siège durait depuis huit jours, quand le gouverneur du roi, du Châtel-Chigy, quitta la ville, sous prétexte d'aller lui-même chercher du secours auprès du duc d'Anjou. Son départ démoralisa les Charitois ; ils demandèrent à capituler. Le lendemain, du Châtel-Chigy amena des renforts, il était trop tard.

Ici se trouvent les pages les plus sanglantes de la Charité. Aigris par six ans de souffrances, les calvinistes indiquent aux lansquenets les maisons à piller, les victimes à frapper ; ils pillent, ils frappent eux-mêmes. Les catholiques, abandonnant leurs maisons au pillage, ne cherchent plus qu'à sauver leur vie. Ils se cachent dans les greniers, sur les toits, dans les caves, dans les lieux les plus retirés, pour éviter la mort ; quelques-uns se réfugient dans l'asile même de la mort : ils s'ensevelissent vivants dans les tombeaux. Inutiles retraites ! Les lansquenets pénètrent partout, fouillent, furètent partout. Sans distinction d'âge ni de sexe, les catholiques sont pendus ou passés au fil de l'épée, ou bien précipités par les fenêtres et du haut des maisons. On imite les noyades d'Amboise : attachés par douzaines à de longues perches, les catholiques sont jetés à la Loire, et ceux qui reviennent sur l'eau sont impitoyablement arque-

busés. Nulle pitié, nulle foi ! Un nommé Coque-
lin s'est refugié dans le grenier d'un huguenot,
son ami ; il s'y croit en sûreté ; des pas montent : c'est son hôte, qui l'attache à une gouttière,
coupe la corde et le laisse tomber sur le pavé. A
l'égard des prêtres et des religieux, le fanatisme
mit en œuvre des supplices d'un raffinement de
cruauté inouïe. Heureux ceux qui tombèrent
massacrés par le glaive ! Quelques-uns furent
écorchés vifs ; d'autres, traînés dans un endroit
appelé le Petit-Pré, entre la porte de Paris et
la chapelle Saint-Lazare, furent enterrés jusqu'au cou ; on joua aux quilles avec leurs têtes.
Puis, quand cette soldatesque fut lasse de ce jeu,
comme un enfant qui brise ses hochets, elle
brisa la tête de ses victimes à coups de pierre
ou de crosse d'arquebuse.

Cependant, le château tenait encore. Il ne se
rendit que le 23. Les laïques seuls devaient avoir
la liberté et la vie. Les prêtres et les religieux furent massacrés, ainsi que plusieurs laïques que
l'on prétendit être des prêtres déguisés.

En quittant la Charité, les huguenots laissèrent
pour gouverneur de la ville, de Garchy, cornette
de l'amiral, et Briquemant, baron de Rensy,
avec cinq compagnies à pied, quelque cavalerie,
trois coulevrines et ce qu'ils avaient de mor-
tiers. Mais la Charité était une place trop importante pour que la cour la laissât aux mains des
protestants.

Cinq semaines après le départ des Allemands,
le duc d'Anjou, ayant appris que les gouverneurs
ne réparaient point les fortifications, envoya
pour l'assiéger le comte Anne de Sansac, maréchal de France, avec six à sept mille fantassins,
quinze cents chevaux et quinze pièces de canon.

Sansac arriva sous les murs de la Charité, le 6 juillet 1569. Il l'attaqua vainement par la porte de Paris, ensuite par la porte de Saint-Père; il dirigea enfin ses coups contre la tour qui formait l'encoignure de la porte de la Marche. De ce côté, les murailles furent plus facilement entamées : une brèche s'ouvrit assez large pour laisser passer les chevaux. Toutefois l'assaut fut repoussé avec tant de vigueur, que, quand Sansac rallia ses troupes pour les ramener à la charge, elles refusèrent d'obéir. Pour leur rendre le courage, les officiers se précipitèrent eux-mêmes à la brèche, mais seuls : ils y trouvèrent presque tous une mort glorieuse. Un mois après, Sansac levait le siège devant les renforts amenés par Blosset. Ces renforts, que grossissaient encore les réfugiés d'Orléans, enhardirent les protestants. Ils réparèrent leur ville, la fortifièrent et la mirent en état de résister à de nouvelles attaques. Elle devint ainsi le boulevard des Calvinistes dans la province.

Désormais affermis à la Charité, ils se répandirent dans tout le Nivernais, portant partout la dévastation. Pas un château, pas une église, pas un monastère qui n'ait gardé dans ses ruines ou dans ses annales le souvenir de leur passage.

Sur ces entrefaites, la paix se signait le 8 août, à Saint-Germain. Par ce traité, la Charité, avec la Rochelle, Cognac et Montauban, fut accordée pour deux ans aux calvinistes, comme place de sûreté. Les princes y établirent un gouverneur, le sieur de la Bruyère, avec un capitaine nommé Tariot, un lieutenant appelé Lafleur, et 200 hommes de garnison. Mais cette paix avait été arrachée à la cour; elle cachait derrière elle de perfides desseins : déjà s'our-

dissaient dans l'ombre les vastes massacres de
la Saint-Barthélemy.

Ville protestante, la Charité ne devait point
être épargnée. Les cloches de Saint-Germain-
l'Auxerrois vibraient encore, que la compagnie
de Ludovico de Gonzague, composée d'un ra-
massis d'Italiens aussi avides de butin que de
sang, entrait dans la ville, sous prétexte d'y
faire *monstre*. A peine y fut-elle, qu'elle se mit
à piller, à violer et à massacrer. Vingt-deux
huguenots furent égorgés. L'histoire a conservé
le nom de quelques-unes de ces victimes : le capitaine Landas, d'Orléans; Pierre Guichard,
Pierre Bailly, maître Paul; Etienne de Vyon,
assassiné dans sa prison; maître Jacques, déjà
malade, dans son lit; Jean Sarrazin, sous le
sien; le capitaine Corse, tué la nuit, sous les
yeux de sa femme, par un nommé Menotti, son
ancien camarade, avec lequel il avait été en
garnison à la Charité même, sous le nom de la
Bruyère. Ce dernier viola la femme de son ancien camarade et l'emmena avec lui. Mais aucune de ces morts ne s'entoure de circonstances
aussi horribles que celle de l'échevin Jehan Lo-
guerat. Blessé d'un coup de pistolet, sa femme,
catholique et enceinte, lui fait inutilement un
rempart de son corps et de sa religion; elle
tombe avec lui sous le fer des massacreurs qui,
en présence de leur fille, commettent sur leurs
cadavres un acte *si infâme et horrible que ne puis
le réciter* (Archives nivernaises). Son tour à la
pauvre enfant n'était pas loin. Ils arrachent à
sa douleur, à son effroi, à son indignation, aux
mille sentiments qui l'agitent, la révélation de
l'endroit où son père plaçait son argent. Ils en-
levèrent les 5 ou 6,000 livres qui s'y trouvent,
puis la forcent à *contracter mariage avec l'un des*

meurtriers italiens, fort aagé (Archives nivernaises).

En 1589, la Charité fit partie de la Sainte-
Union. Le duc de Nevers remplaça alors du
Carrouge par le sieur de Langeron auquel il
donna cent hommes de garnison. C'est le dernier
fait des guerres religieuses. Paisible dans les
années qui suivent, la Charité répare lentement
ses fortifications, dont elle ne devait plus avoir
besoin. Toutefois, comme s'il eût été dans sa
destinée de prendre part à tous les grands troubles du royaume, elle reparait un instant dans la
Fronde.

Rappelons que si la ville de la Charité eut
tant à souffrir de toutes les guerres, elle le dut à
ses ponts construits par les moines vers 1112. En
dehors de celui de la Charité, les seuls ponts sur
lesquels pouvaient passer les armées étaient ceux
de Nevers et d'Orléans.

Ici finissent les destinées militaires de la Charité. Le bruit des armes ne retentit plus dans
son enceinte. Maintenant des fossés comblés, des
remparts abattus, une ceinture de murailles dé-
chirée, trouée à mille endroits, des tours rui-
nées par la guerre, ou croulantes sous les coups
non moins meurtriers du temps, et quelques
lignes éparses dans nos annales, voilà ce qu'il
reste de sa gloire passée, à cette ville bourgui-
gnonne, française, catholique, protestante, li-
gueuse, frondeuse, que chaque parti, pendant
trois siècles, désirait, convoitait, fortifiait, atta-
quait, défendait, stipulait dans ses traités.

Avant de partir, visitons l'église Saint-Pierre,
du quinzième siècle, la halle au blé, du quinzième siècle également. Voici, sur les bords de
la Loire, l'asile départemental des aliénés, merveilleusement situé. Il est dirigé par notre émi-

nent compatriote, le docteur Faucher, de Limoges.

Samedi 18 avril 1891

CANTON DE PRÉMERY (2.395 habitants)

Séance à dix heures et demie du matin

Situé au sud-ouest de Montenoison, dans un fond qui ne permet pas de l'apercevoir du plateau, Prémery offre à notre curiosité la presque totalité de son enceinte guerrière au moyen âge. Nous n'acceptons que sous bénéfice d'inventaire l'étymologie celtique que P. Gillet donne de son nom : *Preme* proche, *ry* rivière. Rien n'y rappelle le séjour des Romains. Sans doute, propriété patrimoniale de l'un des premiers évêques de Nevers, la terre de Prémery fut donnée par lui à son église ; un capitulaire impérial de 888 en confirme la possession à l'évêché. C'est en 1173 seulement que les évêques obtinrent, du comte Guy, la permission d'entourer la ville de fortifications, mais à la condition qu'elles ne serviraient jamais contre lui et ses successeurs.

Le château seigneurial fut rebâti vers 1316. Les réparations postérieures ont laissé intacte la porte d'entrée où se voit toute la sévère et rude physionomie de ce siècle guerrier.

Vers 1360, tandis que l'Anglais Edouard s'acheminait de la Bourgogne vers le Gâtinais, un chef d'écorcheurs, qui parait marcher à sa suite, Grimond de Faval, surprit la ville et le château. Trouvant le pays bon, la place forte et approvisionnée de bourgeois qu'il pouvait rançonner à son gré, il s'y établit avec ses compagnons. Erard de Giry et d'autres seigneurs des environs s'unirent pour le chasser ; ce fut peine

perdue : vainqueurs, les brigands n'en exerçaient que mieux les ravages ; vaincus, ils réparaient facilement leurs pertes en se recrutant
de tout ce qui vivait de pillage comme eux, nobles ou roturiers, citadins ou paysans, libres ou
serfs. On négocia ; Grimond de Faval consentit
à se retirer, et il le fit en honnête brigand qui
voulait jouir sans inquiétude de ce qu'il avait
acquis : il exigea et reçut une décharge générale
de tous les biens qu'il avait trouvés dans le château, et qu'il n'y laissait assurément point à son
départ.

Avant la séance qui est fixée à dix heures et
demie, visitons l'église de Prémery, du treizième
siècle, monument historique, jadis abbatiale. Sa
façade est du quatorzième siècle. Elle renferme
le tombeau du B. Nicolas Appeline, chanoine
de Prémery, mort en 1466.

Après la séance, nous dirigeons nos pas vers
l'hospitalière demeure de M. et Mᵐᵉ F..., où
nous réparons nos forces par un copieux et très
fin déjeuner. Ensuite, nous faisons un tour de
promenade dans la magnifique propriété de nos
amphytrions, arrosée par la Nièvre que l'on
traverse sur une jolie passerelle. Partout des
fleurs et de la verdure ; nous sommes là dans un
véritable paradis terrestre. On est abrité des
vents du Nord par une forte colline entièrement
boisée. C'est un séjour ravissant. La Nièvre
coule, à pleins bords, une eau claire et limpide à
travers les joncs et les amaryllis aux couleurs
si variées. Ici, la Nièvre est très poissonneuse et
n'a pas encore reçu les liquides provenant de la
fabrique d'acide pyroligneux appartenant à M.
Lambiotte, de nationalité belge.

Quittons cette demeure enchanteresse et ses
parterres de rosiers. Saluons M. et Mᵐᵉ F...,

Mᵐᵉ T..., qui ont bien voulu nous en faire les honneurs avec tant d'amabilité, et allons visiter l'usine Lambiotte.

L'USINE LAMBIOTTE

L'industrie créée à Prémery par M. G. Lambiotte fils, ingénieur, pour le compte de M. Lambiotte-Vigneron, son père, a pour but la distillation du bois.

C'est de beaucoup la plus considérable du monde, en son genre. Son importance est telle qu'on y peut mettre en œuvre jusqu'à 120,000 mètres cubes de bois, soit environ 50,000 tonnes de 1,000 kilos.

Le bois spécialement employé est le bois dit de charbonnette. Antérieurement, ce bois était carbonisé sur le parterre des coupes.

Les 50,000 tonnes mises en œuvre représentent environ 50 à 60,000 cordes ordinaires. Deux modes de carbonisation sont employés chez M. Lambiotte :

1º La distillation de grandes masses, dans des fours inamovibles ;

2º La distillation de quantités peu importantes, dans des fours amovibles.

La carbonisation sèche du bois donne deux produits principaux.

1º Le charbon de bois, résidu solide ;

2º L'acide pyroligneux.

Charbon de bois

C'est grâce à la perfection apportée dans le mode de distillation employé à Prémery, que l'on obtient à volonté des charbons de bois tendres ou durs. On produit de 120,000 à 150,000 sacs de charbon dont la presque totalité est dirigée sur Paris. Les 30 à 40 charbonniers, qui par le fait de l'installation de l'usine Lambiotte à

Prémery, eussent pu se trouver sans travail, sont pour la plupart employés à l'usine qui occupe 250 ouvriers.

Acide pyroligneux

L'acide pyroligneux est le produit *condensé* de la distillation sèche du bois, produit aqueux contenant en dissolution de l'acide acétique, de l'alcool méthylique et des impuretés goudronneuses.

M. Lambiotte qui est un homme fort aimable nous promène partout et nous explique le mécanisme des appareils et leur fonctionnement. Le but principal poursuivi dans une fabrique de pyroligneux, c'est l'obtention de l'acide acétique et de l'alcool méthylique à l'état de pureté convenable.

L'acide acétique est combiné à une base de chaux, soude ou fer, selon le cas, et c'est à l'état de sel acétate plus ou moins pur, qu'il est livré à la consommation.

L'usine de Prémery exporte surtout de l'acétate de chaux, en Allemagne, en Russie, en Angleterre, etc.

Il est ensuite transformé en vinaigre, dans ces divers pays, et on le livre ainsi à la consommation.

M. Lambiotte nous affirme que la France ne consomme pas de ce vinaigre. *C'est avec bonheur que nous faisons des efforts pour nous inoculer cette douce croyance.*

Comme bien on pense, la production de l'usine de Prémery est énorme. Elle l'est au point que la France exporte depuis sa fondation beaucoup de produits pyroligneux. Auparavant, elle en importait ; tout venait d'Allemagne. Les rôles sont changés. Quant à l'alcool méthylique que l'on obtient à tel état de pureté que l'on désire, ce n'est pas un alcool consommable. Il sert dans l'industrie des couleurs dérivées du goudron de houille à la fabrication de l'aniline. Il sert aussi comme dissolvant dans beaucoup d'autres industries, surtout dans la fabrication des vernis et des produits pharmaceutiques et de parfumerie. Son principal emploi en France et en Angleterre est dans la dénaturation de l'alcool ordinaire.

On sait que celui-ci, pour être dégrevé de la plus grande partie des droits qui pèsent sur lui, doit être *dénaturé*. Le corps dénaturant, indiqué par la loi, est le méthylène. De même que pour les acétates et acides acétiques divers, dont la plus grande partie venait d'Allemagne, on importait de ce dernier pays énormément de méthylène et d'alcool méthylique : actuellement le contraire a lieu. Grâce à l'usine de Prémery, la France exporte ce produit, elle n'en importe plus.

Prémery est devenu le centre le plus considérable de l'industrie de pyroligneux, et l'importance des installations industrielles qu'y a créées M. G. Lambiotte ne fait qu'aller s'accroissant.

A côté de l'industrie même des pyroligneux, cet intelligent industriel a installé diverses autres fabrications ; il vient de monter une scierie à vapeur pour le débit des bois en grume (en écorce). Cette industrie et la première sont d'ailleurs dépendantes l'une de l'autre. Le centre forestier de Prémery était tout indiqué pour qu'une usine du genre de celle que nous visitons y fût installée. 250 à 300 ouvriers y sont occupés ; leur salaire annuel moyen y est de 1,000 francs ; il n'y a pas de chômage. On consomme 15,000 tonnes de houille, venant soit de Commentry, soit de la Machine.

200 chevaux appartenant à la masse des petits cultivateurs de la contrée sont continuellement occupés au transport des bois.

Ces chiffres sont assez éloquents pour qu'il soit nécessaire d'insister sur l'avantage immense qu'en retire Prémery.

Les installations de M. G. Lambiotte occasionnent une dépense annuelle de plus de 800,000 francs ; car ces dépenses sont faites exclusivement dans le pays. C'est la stabilité du salaire, partant, de l'existence assurée à plus de 300 familles. La classe agricole en recueille les fruits.

Ajoutons que M. G. Lambiotte est très attaché à Prémery, où il vient de se marier avec une jeune fille de cette ville même.

———

Au point de vue du recrutement militaire, les jeunes gens, visités dans les six cantons qui forment l'arrondissement de Cosne, se trouvent dans une bonne moyenne. L'infirmité la plus commune est la hernie. La plupart des conscrits, habitant la campagne, travaillent dans les vignes, presque constamment baissés, faisant des efforts pour enfoncer et arracher les piquets — qu'ils appellent pessiaux, — et soulever de lourdes charges ; là, croyons-nous, est le motif de cette infirmité si fréquente dans les cantons de Cosne, Pouilly, la Charité et Saint-Amand.

Le contingent dans son ensemble est, d'ailleurs, loin d'être inférieur, et nous souhaitons vivement que tous les cantons de notre beau pays puissent fournir à l'armée des hommes de cette qualité et de cette résistance.

Les opérations sont terminées dans l'arrondissement, nous quittons l'aimable sous-préfet de Cosne; nous emportons de lui le meilleur souvenir, et puisque nous venons de former un souhait en faveur de l'armée, formons-en un autre en faveur de l'administration, et souhaitons lui d'être toujours aussi heureuse dans le choix de ses sous-préfets, qu'elle l'a été en mettant la main sur M. Magot.

Arrondissement de Clamecy

Lundi 20 avril 1891

CANTON DE BRINON (535 habitants)

Séance à deux heures du soir.

On peut se rendre à Brinon de deux manières.

La première consiste à aller par le chemin de fer jusqu'à la gare de Corvol-d'Embernard. Arrivé là, une voiture commandée à l'avance conduit le conseil de revision jusqu'à Brinon-les-Allemands. Il y a huit kilomètres à parcourir sur une route accidentée et bordée presque partout de prairies magnifiques, où paissent en liberté les fameux bœufs blancs de la race charolaise-nivernaise qui obtiennent les prix d'honneur dans les grands concours.

La deuxième consiste à partir de Prémery en voiture, et à gagner Brinon en passant par Montenoison. Ce voyage est le plus agréable à effectuer, et de préférence nous l'adoptons, si le temps nous le permet. Il y a dix-huit kilomètres.

On comprenait jadis dans les Amognes cette petite contrée que l'historien Coquille a plus tard appelé *Varie de Montenoison*.

MONTENOISON

La montagne dont elle porte le nom est l'un des points les plus élevés du Nivernais. Elle a

513 m. 520 mill., au-dessus du niveau de la mer.
De son sommet, la vue embrasse non seulement
les localités des alentours, mais encore un vaste
panorama de terres labourées et de pâturages,
de vallons et de montagnes, qu'animent des maisons, des villages, des ruisseaux, des lacs et des
clochers sans nombre. Ici, au Nord, sont le Don-
ziois, les bois et les monts de la Puisaye, Saint-
Pierre-du-Mont, le cours du Beuvron que l'on
peut suivre jusque vers Clamecy ; à l'Est, la
noire bordure des forêts et des granits du Morvand jusqu'au Beuvray, et au-dessus, les tapis
verts du Bazois ; enfin, au Sud et à l'Ouest, la
chaîne des collines qui suivent le cours de la
Loire et qui ne semblent se désunir çà et là, que
pour permettre au regard de voler et d'atteindre
aux sombres pitons de l'Auvergne.

Le lieu qui donne son nom à la contrée n'en
est pas aujourd'hui le plus important ; autrefois,
avec sa double enceinte de fortifications et de fossés dont on suit encore le tracé tout à l'entour,
il répandait au loin la terreur. Selon quelques
étymologistes, Montenoison vient de *Mons
noxius, mont nuisible* ; mais l'appellation latine
est *Mons Onisius*, formée sans doute du nom de
quelque ancien seigneur dont l'histoire n'a pas
gardé le souvenir : Mont-abot est *Mons Abbonis*,
le mont d'Abbon.

Le château, dont on voit les ruines sur le bord
septentrional du plateau, a été bâti par la comtesse Mahault de Courtenay ; quelques débris
portent l'empreinte du quatorzième siècle. Nous
y remarquons, entre deux tourelles à pans coupés, deux nervures croisées qui, restées seules
de la voûte dont elles étaient le soutien, forment
un O d'une charmante élégance. Au dessous
s'ouvraient les oubliettes : des fouilles, faites il y

a une cinquantaine d'années, y ont fait découvrir des ossements humains. L'église, sise sur le mamelon, au-dessous du tertre *le cavalier*, a été assez maladroitement restaurée en 1682 ; elle renferme quelques jolis fragments d'architecture du quinzième et du seizième siècle. La porte, à plein cintre, rappelle l'école romane.

En nous éloignant de Montenoison, jetons les yeux sur les vertes prairies qui nous entourent et sur les beaux grands bœufs qui s'étendent paresseusement sur l'herbe. Nous traversons l'un des pays les plus riches de la Nièvre, riche en prairies, en herbages et en embouches. Mais, tout à coup du sommet d'une côte, nous apercevons Brinon, situé au fond d'une longue vallée.

BRINON

Nous descendons chez M. le docteur R..., maire de Brinon.

Mais, le voici qui vient au-devant de nous, et nous conduit au salon où nous saluons Mme R... Nous nous mettons à table. Les fonctionnaires de l'endroit ont été invités, et tous s'apprêtent à faire honneur au copieux et fin repas offert au conseil de revision par nos aimables amphytrions.

On demeure longtemps à table. La succession des plats qui défilent devant nous nous oblige à faire trève à nos habitudes, et c'est avec grand plaisir, ma foi, que nous savourons les vins fins et toutes les bonnes choses qui nous sont offertes d'une façon si cordiale et si gracieuse. Mais, tout a une fin ici-bas, et il faut bien, bon gré, mal gré, quitter nos hôtes, car voici l'heure de la séance, dans quelques minutes, et il faut nous rendre à la mairie. En sortant, admirons la belle résidence où nous venons de recevoir une si franche hospitalité. Le jardin est magnifique, et la vue s'étend au loin sur les prairies verdoyantes, émaillées de pâquerettes et de marguerites qui répandent dans l'air de doux parfums. Le Beuvron coule au pied. Traversons-le, nous serons bientôt à la mairie où la séance va commencer.

Au dixième siècle, Brinon n'était qu'une assez pauvre villa dont le quart avait été donné aux évêques de Nevers, avec deux églises voisines, sous la condition de payer au curé de Saint-André les nones et les dîmes du lieu, avec dix sous de deniers par an. D'après la tradition, un couvent aurait existé jadis sur le Mont-Rouen, au sud-est de Brinon; on y a découvert des cercueils de pierre, antérieurs au neuvième siècle.

On dit, en proverbe, Brinon-les-Allemands, *bonne terre et chétives gens*. Cet axiome a pu être justifié *peut-être* autrefois. Mais, hâtons-nous de le dire, depuis que nous allons annuellement à Brinon, cela remonte à 1879, non seulement nous n'en avons pas trouvé la justification, mais nous avons remarqué que les habitants sont polis, courtois et animés d'un bon vouloir que l'on se plaît à reconnaître.

Les Allemands, terme qui suit Brinon, vient de ce qu'une colonie d'Allemands s'établit jadis à Brinon. Dans les environs, on trouve les communes de Challement, Champallement, *challe* demeure; Champ-allement, champ des Allemands.

Ce n'est pas ailleurs, croyons-nous, qu'il faut en chercher l'étymologie.

Je me suis laissé raconter par mon prédécesseur, un vieux chef de division, que, du temps de l'Empire, Brinon possédait une superbe compagnie de sapeurs-pompiers, précédée de deux sapeurs avec *ours* (bonnets à poil), tabliers de cuir blancs et hachés. Lors du passage du conseil de revision à Brinon, la compagnie était sous les armes, en grande tenue, et escortait le conseil jusque chez Monsieur le Maire.

Là, les deux ours se plaçaient de chaque côté de la porte d'entrée, et le reste de la compagnie sur deux rangs ; le Préfet assisté du maire parcourait les rangs, distribuant çà et là de bonnes paroles. Tout à coup, M. de M..., alors préfet de la Nièvre, aperçoit une médaille sur la poitrine d'un sapeur-pompier.

« A la bonne heure, mon brave, dit-il, j'aperçois sur votre poitrine une distinction qui vous fait grand honneur. Vous avez, sans doute, accompli quelque acte de courage ?

— Pardon, excuse, nout'Préfet, répond le pompier fortement ému, c'est nout'vache, qu'la gagnée au dernier concours...»

Les voitures sont attelées et nous attendent ; montons, et en route pour Tannay.

Mardi 21 avril 1891

CANTON DE TANNAY (1,322 habitants)

Séance à neuf heures et demie du matin

De Brinon à Tannay, il y a treize kilomètres. La route est fort belle. Nous sommes dans une partie des *Vaux d'Yonne*, ainsi nommés de la principale rivière qui les arrose. Ils sont traversés du Nord au Sud par de nombreux cours d'eau qui entretiennent dans le sein de la terre une heureuse humidité. Toutes les cultures des régions tempérées y réussissent, et le pays, prodigieusement accidenté, présente à chaque pas des points de vue véritablement enchanteurs.

En approchant de Tannay, on voit la route bordée de vignes ; c'est que ce pays est renommé par son vin blanc. Moins capiteux que celui de Pouilly, il est agréable à boire. De même que le vin blanc de Pouilly, il est exporté dans la Marne, pour la fabrication du vin de Champagne.

Nous sommes arrivés à l'hôtel du *Lion d'or*. Voici notre hôte, M. Colon, qui vient au-devant de nous. Reconnaissons nos chambres, et allons prendre l'air du pays.

Tannay est un beau chef-lieu de canton, situé sur un plateau élevé. L'église est belle. C'est un monument historique des quatorzième, quinzième et seizième siècles. Elle fut achevée en 1313 ; l'évêque Jean de Savigny la consacra à Dieu sous le vocable de Saint-Léger. Entrons-y. C'est un rectangle traversé de l'Ouest à l'Est par deux rangs parallèles de piliers ronds ; le badigeonnage jaune, dont on a jugé à propos de farder l'intérieur, lui donne l'aspect d'une grande salle à manger. Le portail, surmonté d'un clocher que flanque une jolie tourelle à pans coupés, est d'un aspect agréable ; il abrite un porche où est le bénitier ; au-dessus du bénitier, une épitaphe latine sollicite *les prières des passants en faveur de vénérable et discrète personne Maistre Phil. Mossé, chanoine et recteur de l'église de Saint-Léger de Tannay, qui, par humilité, s'est fait enterrer où les pauvres ont coutume de mendier.*

On voit dans l'église une sculpture de saint Hubert devant le cerf miraculeux.

Sur la même place, voici la demeure du regretté Regnault, ancien préfet et ancien direc-

teur général des manufactures nationales de
tabacs, et ami personnel de M. Jules Grévy, ancien président de la République française. Nous
n'oublierons pas avec quelle amabilité et quel
entrain charmant il faisait au conseil de revision
les honneurs de sa maison. N'omettons pas de
rappeler aussi avec quelle largesse il nous bour-
rait nos poches de cigares de la Havane et de ses
fameux *Régulia-Reynault*. Quelles bonnes soirées nous avons passées là ! Quelles bonnes histoires il nous narrait avec sa verve endiablée !
Hélas ! la maladie de cœur dont il souffrait depuis longtemps l'a emporté il y a quatre ans.

Avez-vous remarqué comme on est frais et
dispos après avoir bien dormi ? C'est ce qui nous
arrive à tous, et l'hôtel *Au Lion d'or* que nous
hal'tons justifie parfaitement son titre.

La séance du conseil de revision est à neuf
heures du matin : une petite séance, il y a peu
d'hommes à visiter.

A l'issue de la séance, accompagnés par le
sympathique maire de Tannay, M. le docteur C..,
nous nous rendons chez lui, où a lieu un déjeuner offert aux membres du conseil de revision et
aux principaux fonctionnaires de Tannay.

Très gracieuse et fort jolie, Mme C... est
une maîtresse de maison consommée. Charmante dans une toilette qui lui sied à ravir, elle nous
accueille avec une cordialité qui capte tous les
suffrages.

On se met à table. Nous sommes servis dans
la serre, disposée pour la circonstance. Je pas-
serais pour un rageur endurci ou pour un vieux
blasé, si je n'accordais une mention spéciale au
succulent déjeuner qui nous attend ; je ne puis

résister au plaisir de vous en communiquer le
menu :

Homards à l'américaine.
Timbales de mauviettes.
Filet béarnais.
Poulardes du Mans truffées.
Asperges en branches.
Pain de foie gras.
Salade.
Gâteau moka.
Bombe glacée.
Dessert.

Ce petit carré de bristol n'a l'air de rien, mais
il fallait voir et surtout sentir comme cela était
arrangé et vous était présenté. Quel relevés !
quelles sauces !

Une coupable indiscrétion m'a révélé que certains plats, et des meilleurs, venaient en droite
ligne de chez l'un de nos meilleurs restaurateurs
parisiens. Cela n'a pas lieu de nous étonner. En
effet, y a-t-il un endroit où l'on mange mieux et
meilleur qu'à Paris ? Non, n'est-ce pas ? Surtout lorsque l'on connait les bonnes marques.

Je ne dirai rien des vins ; mon appréciation,
quelque optimiste que je la produise, serait au-
dessous de leur valeur. Je me contenterai de dire
que M. le docteur C... ne laisse à personne le
soin de choisir ses vins, et qu'il le fait en parfait
connaisseur.

Voici le café ; nous passons au jardin d'où l'on
a un panorama superbe. On nous montre l'é-
glise de Lormes perchée sur un mont éloigné,
la chapelle de Montsabot et une quantité de petites communes entourant leur clocher. La fanfare de Tannay est là, qui exécute quelques
morceaux choisis de son répertoire. Les musi-

ciens se rafraîchissent, et M. le Préfet leur prodigue de bonnes paroles et des encouragements.

Le conseil de revision a comploté une excursion à Vézelay, dans le département de l'Yonne. Nous devons partir à trois heures de l'après-midi, et il est temps de quitter nos aimables hôtes et de nous arracher à toutes les bonnes choses qu'ils nous prodiguent. C'est ce que nous faisons, mais non sans regrets.

Un bon camarade d'enfance à moi, D..., qui remplit à Tannay les fonctions de greffier de la justice de paix et que j'ai le plaisir de revoir chaque année depuis que nous avons quitté les bancs du lycée de Nevers, nous accompagne à Vézelay, son pays natal, et sera notre cicerone.

DE TANNAY A VÉZELAY

De Tannay à Vézelay, il y a vingt-huit kilomètres à faire en voiture. Il fait un soleil splendide ; passons par Saint-Père, afin de visiter la belle église qui est construite sur cette commune.

Eglise de Saint-Père

L'église de Saint-Père fut construite en 864. Une abbaye y fut fondée à la même époque par saint Egile. En même temps, Gérard de Roussillon et sa femme Berthe établissaient à Saint-Père-sous-Vézelay un couvent de femmes auquel ils donnaient, non seulement les terres environnantes, mais encore Asquins, Monteiliot, Fontenay, Voutenay, Givry, Précy-le-Sec et Dornecy. Les Normands qui vinrent ensuite piller l'église, massacrer ou disperser les religieuses et brûler les bâtiments, rendirent nécessaire le transport de l'institution au sommet de la montagne. Gérard y appela des moines de l'ordre

de Saint-Benoît, 878, et fit bénir leur église par
le pape Jean VIII. Mais revenons à l'église que
nous avons devant les yeux. Elle est précédée
d'un narthex qui, à l'extérieur, est de style
flamboyant ; au-dessus du trilobe largement ouvert qui forme la porte, Dieu paraît au milieu
des légions célestes ; d'un côté, un ange sonne
de la trompette et les morts ressuscitent ; de l'autre, un élu tient de ses deux mains un voile contre son sein, et dans ce voile, six personnages en
repos. A gauche de l'entrée est un tombeau dont
la partie supérieure, taillée en prisme triangu-
laire, est ornée d'une croix entourée de feuillages
et ayant à son centre une main à moitié fermée ;
deux doigts étendus bénissent ou montrent le
ciel. On lit à l'entour du prisme : *Ci-gist la
femme Hague Gaudri Guibour. Dex ait l'asme
de li, qui trépassa lou jor de l'apparicion. Dex li
face verai pardum. Anno Domini MCCL.* L'intérieur du narthex a quelques parties des quatorzième et quinzième siècles. Trois portes de la fin
du douzième siècle s'ouvraient jadis du narthex
dans l'église ; deux sont condamnées ; celle du
milieu a, dans son tympan, la Vierge et son Fils
encensés par les anges. L'église se divise de
l'Ouest à l'Est en trois nefs. L'ensemble appartient à la fin du treizième siècle. Le clocher, qui
est placé à l'angle Nord-Ouest de l'église,
date du quatorzième siècle ; de loin, on aperçoit
sa pyramide octogone qui était autrefois accom-
pagnée de quatre clochetons ; le dernier étage
est à jour, et de chaque angle se détachent quatre
anges sonnant de la trompette.

Vézelay

Nous quittons Saint-Père, et après avoir passé
le long de nombreuses maisons faites avec de
vieilles pierres, nous gravissons la longue côte

qui conduit à Vézelay. On arrive à l'église de
Vézelay par une longue et large rue, fort belle,
bien pavée. On monte, on monte toujours. Enfin nous voici devant l'église qui domine tous
les environs. Sise sur le plateau d'une monta-
tagne qui ne présente qu'une seule avenue pour
l'entrée, Vézelay, avec les larges murailles qui
l'enceignent et les tours solides dont elles sont
flanquées, était une magnifique position.

Pénétrons dans cette église immense, qui
nous semble plus profonde, et d'une manière
générale bien plus grande que celle de Notre-
Dame de Paris. C'est l'une des plus remarquables de l'Europe ; elle a trois nefs qui vont de
l'Ouest à l'Est, et présente en œuvre 375 pieds
de long ; le transept a peu de développement ;
le frontispice est un mélange de style byzantin et
de style ogival du treizième siècle ; le portail et
ce qui reste des deux clochers de la façade appartiennent au douzième siècle. On entre dans
l'église des catéchumènes, et l'on reste frappé de
la hardiesse de cette construction, étonnant as-
semblage de cintres romans, d'ogives primitives,
de galeries aériennes, de sculpteures d'une richesse prodigieuse.

Le portail central a dans son tympan Jésus-
Christ ouvrant les bras et répandant sur les fi-
dèles disciples les rayons de sa divine paix.
Tout à l'entour sont les divers signes du zodia-
que, entremêlés à des scènes variées ; le ban-
deau paraît représenter, d'un côté, un sacrifice
sanglant ; de l'autre, une marche triomphale où
le grotesque ne manque pas.

Le chœur s'élève de deux pieds au-dessus
d'une belle et grande crypte, et sa voûte porte
sur dix piliers tous monolithes. Au-delà du col-
latéral qui tourne autour du chœur, s'ouvren

plusieurs chapelles en hémicycle, qui m'ont paru dater des premières années du treizième siècle. Les chapiteaux des colonnes ne présentent généralement que des sujets que nous avons déjà expliqués ailleurs ; toutefois il en est un de remarquable : un démon souffle à une âme le doute par le mot *Time*, tandis qu'un moine raffermit sa foi en lui montrant le ciel et en disant *Spera*.

Cette église a servi de temple de la Raison pendant la Révolution ; le Gouvernement l'a déclarée monument national et a dépensé énormément d'argent pour faire disparaître les mutilations faites en 1793.

Parmi les tombeaux qui sont dans cette église, nous avons remarqué celui de *Maistre Jely de Clagny* qui prie, couché entre ses deux femmes (quatorzième siècle).

Un jour, durant le dix-septième siècle, on aperçut dans le ciel un ange colossal qui semblait menacer la ville d'un glaive nu ; la population, grandement effrayée, ne se rassura que lorsqu'on lui eut fait connaître que c'était le mirage de la statue colossale de saint Michel qui dominait l'une des tours de l'église.

C'est aussi au neuvième siècle, vers 821, que fut fondé le fameux monastère de Vézelay, par Gérard de Roussillon, chef de la première féodalité, qui lutta si longtemps contre Charles le Chauve. Ce monastère, que nous parcourons, reçut d'abord des religieuses ; des Bénédictins de Cluny y entrèrent au onzième siècle et en firent un des grands foyers de lumière de cette époque.

En 1146, la seconde croisade fut prêchée à Vézelay. Saint Bernard se transporta dans cette ville où s'assemblèrent le roi et ses vassaux, parmi lesquels étaient le comte Guillaume d'Auxerre, le sire de Chastellux, et beaucoup d'autres qui y prirent la croix.

En 1187, la troisième croisade fut aussi prêchée à Vézelay. Philippe-Auguste, Richard Cœur de Lion et leurs vassaux s'y donnèrent rendez-vous.

Au douzième siècle, commença l'affranchissement des communes. Les habitants de Vézelay, pays devenu riche et commerçant par l'affluence des pèlerins, eurent alors de violents débats avec les moines de l'abbaye, leurs seigneurs, et soutenus par le comte de Nevers, ils les chassèrent du monastère. Après une lutte sanglante et opiniâtre, ils obtinrent une charte municipale en 1151.

Nous avons parcouru en détail les combles de l'église ; de sa tour principale, nous avons contemplé l'immense panorama qui s'ouvre de tous les côtés à nos yeux émerveillés. Nous rentrons à notre hôtel en contournant les immenses remparts qui entourent Vézelay.

Après un repas offert par M. Bruman, notre sympathique préfet, dans lequel figure du vieux vin blanc des moines de Vézelay que mon ami D... a tenu à apporter, nous quittons l'hôtel de la *Poste* et du *Lion d'Or*, et nous remontons en voiture pour regagner Tannay. Il est neuf heures du soir, nous n'arriverons pas avant minuit et demi ou une heure du matin.

La route est longue, mais il fait un beau clair de lune qui nous permet d'admirer les beaux sites que nous rencontrons presque à chaque pas.

Mercredi 22 avril 1891

CANTON DE CLAMECY (5.307 habitants)

Séance à deux heures du soir

Pour nous rendre à Clamecy, nous prenons le train qui part de Flez-Cuzy-Tannay à dix heures cinquante-six du matin, et s'arrête à Clamecy à onze heures vingt-six. Il y a le temps nécessaire pour déjeuner, la séance du conseil n'étant qu'à deux heures de l'après-midi. Nous arrivons à Clamecy. Voici la tour de la cathédrale, qui ressemble tant à celle de Nevers, mais en petit.

Sur le quai de la gare, nous apercevons M. le sous-préfet de Clamecy qui vient au-devant du Préfet. Vous ai-je parlé du sous-préfet de Clamecy ? Non, n'est-ce pas ? Je vais vous le présenter en deux temps.

Grand et bien campé, M. Lejeune est un beau et... bon garçon, ce qui ne gâte rien. D'allures franches et bienveillantes, fort distingué de sa personne, il n'aime pas la paperasserie — et il a bien raison, — entre nous soit dit. Ces quelques qualités qui en valent bien d'autres, à notre avis, suffiraient à lui gagner la sympathie de ses administrés et de ceux qui ne le sont pas, s'il ne se l'était acquise par bien d'autres côtés. Avant de venir à Clamecy, M. Lejeune était sous-préfet d'Uzès, dans le Gard. Ce ne fut pas sans regrets, croyons-nous, qu'il dit adieu à la Provence et à son beau ciel d'azur. S'il éprouva des regrets en quittant Uzès, il en fut de même des habitants de ce pays qui estimaient fort leur sous-préfet.

Or donc, en arrivant à Clamecy, au lieu de son ciel bleu et des visages amis qu'il laissait,

M. Lejeune trouva un ciel gris, maussade, et des figures inconnues et indifférentes. Et même quelques Clamecycois — les esprits grincheux de l'endroit, sans doute, — il s'en trouve partout — opinèrent en catimini que le nouveau sous-préfet était un élégant, un blasé, trouvant toutes choses ennuyeuses, fatigantes et *compliquées*. Il faut bien que chacun manifeste son opinion, quelle qu'elle soit. Un abominable *roquet* payé pour *aboyer*, dans je ne sais quelle feuille de chou de Clamecy, trouva le moyen de *hurler* que c'était un sous-préfet *fin-de-siècle* (???). Ces mêmes personnalités revinrent très facilement, d'ailleurs, sur cette première opinion, et nous savons (faut-il le dire !) par lesdits esprits grincheux eux-mêmes, que depuis qu'ils eurent quelques relations avec leur sous-préfet, ils le trouvent très conciliant et *très gentil* — je vous sers leurs propres expressions, — et souhaitent de le conserver longtemps encore. Nous ne savons si M. Lejeune tient beaucoup à la réalisation de ce vœu ; en tous cas, il lui fait grand honneur.

Maintenant, entrons à la sous-préfecture où M. le Sous-Préfet nous a conviés à déjeuner. C'est la première fois que je pénètre dans ce local qui paraît très vaste. Le conseil général a fait l'acquisition de cet hôtel pour en faire la sous-préfecture. Auparavant, elle était située sur la route d'Armes et appartenait à un particulier qui, moyennant une somme annuelle de 2,000 francs, la louait au département. Ce dernier s'est mis *chez soi* — comme on dit en Morvand, — et il a bien fait. L'hôtel est en réparations. De tous les côtés, des ouvriers. On peint, on colle des papiers. On nous introduit dans la salle à manger. Mme Lejeune, une ravissante jeune femme, nous accueille avec une gaieté et une simplicité de fort bon ton, s'excusant de nous recevoir au milieu des réparations, et nous invite à nous mettre à table, ce que nous faisons avec plaisir, car il est midi, et depuis la veille, à Vézelay, nous n'avons rien grignoté. Aussi, faisons-nous fête à toutes les bonnes choses qui nous sont offertes si gracieusement.

Après déjeuner, nous nous rendons à la Mairie où a lieu la séance, dans la grande salle des fêtes. Cette pièce est immense et bien décorée. Parmi les tableaux qui l'ornent, remarquons les portraits peints en grandeur naturelle des *Trois Dupin*, dont nous parlerons plus loin, et du procureur *de Langie*. A côté, il y a un musée qui mérite d'être visité.

Après la séance, visitons la cathédrale de Clamecy, ou autrement église Saint-Martin.

Église Saint-Martin.

C'est un rectangle divisé en trois nefs parallèles par deux rangs de colonnes; elle date en grande partie du quinzième siècle. Cependant, çà et là, sont quelques arcatures du douzième siècle et des piliers du treizième, bien reconnaissables à leurs chapiteaux.

La tour et le portail, dont la première pierre fut posée le 9 juin 1515, sont l'œuvre de Pierre Cuvé, qui se disait *tailleur de pierres*. On lui attribue, en outre, la construction de tout ce qui est entre la chapelle de la Tour et la chapelle des Chevaliers. A mesure que ces constructions se faisaient, les voûtes perdirent de leur équilibre. François Ier, passant à Clamecy, entra dans l'église et s'écria d'admiration : *Voilà une belle ratoire !* Mais effrayé de l'écartement des piliers il donna de l'argent pour placer des crampons et des traverses de bois, afin de prévenir l'écrou-

lement des voûtes qui paraissait imminent. Il y
a une cinquantaine d'années, on a enlevé les
crampons et les poutres, et on les a remplacés
par une galerie massive qui coupe l'église en
deux et à laquelle on donne l'ambitieuse déno-
mination de *jubé*; à la vérité, il n'y en a jamais
eu de plus disgracieux et de plus lourd. Assurément, on devait attendre mieux de l'architecte
de la Madeleine de Paris. L'église de Clamecy a
ses voûtes raffermies ; mais elle est à jamais pri-
vée de grâce et d'élégance.

L'glise de Bethléem

Visitons l'église de Bethléem, située dans le
faubourg du même nom. Elle date du douzième
siècle et possédait autrefois des évêques *in partibus*. Elle est maintenant convertie en hôtel. Si
vous entrez à la *Boule d'Or*, ne manquez pas de
demander à voir les tombeaux des anciens
évêques, et la salle à manger dont on a conservé la voûte. C'est une ancienne chapelle. En
sortant de la *Boule d'Or*, on traverse le pont
construit sur la rivière d'Yonne. C'est le moment du flottage, elle roule des amas de bûches.
Arrêtons-nous un instant. C'est très curieux ce
mouvement du bois, ce va-et-vient des bûches
qui s'entre-choquent, s'agglomèrent contre les
piles du pont et finalement s'entrainent au milieu des flots agités.

Le Flottage.

Une industrie spéciale à la partie du département comprise dans le bassin de la Seine est le
le *flottage* à bûches perdues, inventé en 1549
par Jean Rouvet, de Paris, qui en fit le premier essai dans la rivière de la Cure. On fait
d'abord la *moulée*, on charrie le bois coupé pendant l'hiver, on l'empile pendant l'été sur les

ports des rivières ou des ruisseaux flottables.
Une fois déposé là, on le martelle, c'est-à-dire
qu'on applique la marque de chaque marchand
aux deux bouts des bûches qui lui appartiennent
pour les reconnaître plus tard. Puis, à un jour
désigné d'avance, on ouvre les écluses qui re-
tiennent les eaux dans les étangs ou réservoirs
ménagés à la source des ruisseaux, et le flot
commence. Une quantité d'hommes, de femmes
et d'enfants garnissent alors les rives des ruisseaux et des rivières ; les uns jettent les bûches
à l'eau, c'est le flottage à bûches perdues ; les
autres, qui portent le nom de meneurs d'eau,
veillent, armés de longues perches à crocs, à ce
que le bois ne s'arrête point le long des rives
ou au milieu de la rivière ou le long des piles des
ponts. Si la *goulette* ou le milieu du lit du fleuve
vient à s'obstruer, *les flotteurs* réunissent leurs
efforts pour détruire la *rôtie* ou accumulation de
bûches. Arrivé à Clamecy ou à Vermenton, le
bois de moule est retenu par des *arrêts* placés
dans la rivière, retiré de l'eau et trié, suivant la
marque des marchands. De Clamecy, le bois est
conduit en bateau jusqu'à Paris, où naguère il
descendait en trains.

Le pont de l'Yonne, sur lequel nous nous
trouvons, a été construit en 1836. Il est en pierre
dure et orné du buste en bronze de Jean Rouvet, inventeur du flottage des bois, par David
d'Angers.

Jean Rouvet et Dupin

(Il n'y a que la foi qui sauve.)

On dit tout bas que le buste qui orne le pont
de Clamecy n'est pas celui de Jean Rouvet. Voici
comment : pendant l'Empire, Dupin qui était
tout-puissant alors au ministère des Travaux
publics, se promenait un jour, en compagnie de

l'un des principaux chefs de service, dans les combles des Tuileries, lorsqu'il aperçut dans un coin un buste du premier consul. Il demanda pourquoi il était là. On lui raconta alors que Napoléon 1er avait commandé ce buste pour être placé près du premier bassin des Tuileries et que, lorsqu'il fut achevé et livré, il le trouva si peu ressemblant qu'il le fit reléguer dans les combles des Tuileries où il serait encore oublié, si l'idée n'était venue à Dupin d'en faire don à cette bonne ville de Clamecy, dans le but de s'attirer les suffrages des *flotteurs*, population très remuante avec laquelle on devait compter alors.

Les gens de Clamecy qui ne connaissaient Jean Rouvet que parce qu'on leur avait dit qu'il était l'inventeur de l'industrie qui les faisait vivre et prospérer, et qui ne l'avaient jamais vu qu'avec les *yeux du cœur*, accueillirent avec bonheur et enthousiasme le buste qui leur était octroyé si généreusement par Sa Majesté bien inspirée. On dit que Dupin, qui assistait à l'inauguration et à la pose du buste en question, rit beaucoup, à part lui, de l'heureuse idée qu'il avait eue de contenter les Clamecycois, tout en débarrassant les Tuileries d'un objet gênant.

Claude Tillier, le fameux pamphlétaire nivernais, *ennemi juré des statues et des bustes*, passant un jour devant le buste de Jean Rouvet, prononça les paroles suivantes, qu'il écrivit aussi dans l'un de ses pamphlets les plus mordants : « Toi aussi, Jean Rouvet, tu as ton buste, mais cela n'empêchera pas les mouches d'aller sur ton auguste nez et d'y déposer leurs immondices. Ta gloire en sera-t-elle plus grande ? »

Ce pauvre Claude Tillier ! lui aussi, — amère ironie du sort, — il possède son buste en double expédition, à Nevers : l'une, au cimetière sur son tombeau ; l'autre, en face d'Adam Billault, devant le palais Ducal, où nous le retrouvons plus loin.

Ne quittons pas Clamecy sans aller passer un instant sur la terrasse qui sert de promenade et où la musique de Clamecy se fait entendre. On y jouit d'une vue magnifique. N'oublions pas non plus le monument en colonne au sud de Clamecy, mégalithique appelé Pierre-Fiche, élevé à la mémoire des victimes du 2 Décembre.

Jeudi 23 avril 1891

CANTON DE VARZY (2.884 habitants)

Séance à dix heures et demie

Nous partons de Clamecy, par le train de neuf heures quarante-deux du matin, et nous arrivons à dix heures vingt et une. La séance est à dix heures et demie du matin. La séance terminée, on déjeune à l'hôtel de la *Poste*. Parcourons Varzy, et voyons-en les curiosités.

L'église de Saint-Père, de Varzy, est remarquable. Elle fut terminée en 1350. C'est un des monuments les plus beaux de l'époque ; il est fâcheux que l'exhaussement du dallage, dont on s'est avisé dans ces dernières années, lui ait enlevé toute grâce et toute légèreté. Le chevet de cette église si remarquable est un chef-d'œuvre de grâce et d'élégance. A côté de cette paroisse est un vaisseau roman qui sert aujourd'hui de magasin ; le portail est d'un joli style. La ville renferme la *maison Guyton*, où l'on admire une délicieuse cheminée de la fin du quinzième siècle ; les caves en sont fort curieuses : les voû-

tes, cintrées à la manière romane, retombent
sur des piliers à pans coupés.

Le musée vaut la peine d'être visité. Il y a de
magnifiques tableaux et des objets d'art précieux ; à remarquer, surtout, un superbe saint
Hubert en faïence de Nevers ; un tabernacle, re-
table du seizième siècle, des émaux et une toile
de Girodet, la première idée de sa *Mort d'Atula.*

LES TROIS DUPIN

Tout près de l'église, cette énorme statue est
celle de Dupin aîné. Ils étaient trois frères, nés
tous les trois à Varzy et enterrés dans le cimetière de Clamecy. On peut lire sur leur tombeau :
Ci-gît les trois Dupin :

1º André-Marie-Jean-Jacques Dupin, dit Dupin aîné, fut jurisconsulte éminent, député, procureur général à la cour de cassation, président
de la Chambre des députés sous le règne de
Louis-Philippe, président de l'Assemblée législa-
lative en 1849, membre de l'Académie française
(1783-1865);

2º Charles, baron Dupin (1784-1873), frère du
précédent, économiste, membre de l'Institut,
député, sénateur ;

3º Philippe Dupin (1795-1846), frère des pré-
cédents, avocat, député.

On sait que les Dupin n'étaient pas beaux.
L'aîné surtout avait été fort maltraité par dame
Nature. On raconte à ce sujet une plaisante his-
toire.

Histoire de singe.

Dupin aîné, étant président de la Chambre des
députés, habitait un superbe hôtel à Paris. Un
de ses métayers — nommé Grosjean, de Gà-
cogne, — se rendit un jour à Paris pour payer

son fermage et tâcher d'obtenir de son propriétaire certains adoucissements à ses baux. Il lui apportait deux paniers de magnifiques pommes rainettes provenant de son verger, sachant que Dupin avait un faible pour ces fruits.

Arrivé à l'hôtel Dupin, un domestique introduit Grosjean dans une antichambre et lui dit d'attendre son maître. Notre paysan posa ses paniers sur des banquettes et s'apprêtait à sommeiller sur un fauteuil, lorsqu'il fut interrompu par les gambades d'un énorme singe qui vint flairer ses paniers, mit la main sur une des plus belles pommes et la croqua à son nez. Grosjean avait bien envie de fâcher, mais il se retint. Un instant après, nouvelle incursion du singe qui s'empara d'une autre pomme qu'il mordit à belles dents. Cette fois notre homme ne put résister, il s'élança furieux vers le singe et cria : « Mon p'tit moussieu, si vous continuez, i vas l'di à moussieu vot'papa ! »

Les domestiques accoururent, et ce ne fut pas sans peine qu'ils réussirent à faire comprendre à Grosjean, de Gascogne, qu'il n'avait pas affaire au fils de M. Dupin.

Vendredi 24 avril 1891

CANTON DE CORBIGNY (2,385 habitants)

Séance à deux heures du soir.

De Varzy à Corbigny, on peut aller coucher à Clamecy, ou, pour les membres du conseil de revision qui résident à Nevers, rentrer dans cette ville, et le lendemain prendre le train de sept heures vingt-quatre du matin. On arrive à Corbigny à dix heures trente-trois du matin. La séance est à deux heures du soir. On a donc largement le temps de déjeuner et de faire un bon tour de promenade.

Visitons l'église Saint-Jean qui date de la fin du douzième siècle, l'église Saint-Seine (1537), monument historique ; le grand établissement dans lequel était autrefois le séminaire ; plus tard, il fut occupé par des Frères qui y organisèrent des classes. Depuis, la commune de Corbigny, qui en est propriétaire, y a installé une école primaire supérieure. Le ruisseau que nous voyons et sur lequel coulent des quantités de bûches est l'Anguison. Près du pont, cette immense construction, entourée de jardins et de murs, est le couvent cloîtré des Ursulines. Tout en haut, près de la route de Cervon, les grands bâtiments que l'on aperçoit en forme de carré sont des écoles tenues par les Frères. Ils ont été construits à l'aide de souscriptions. Corbigny possède une station d'étalons située près du champ de foire.

N'oublions pas, pendant que nous sommes à Corbigny, d'aller visiter les ateliers de M. Lavoignat, un vieil artiste qui eut son heure de célébrité. Nous y admirerons de magnifiques gravures sur bois et des tableaux de peinture remarquables. Laissera-t-on mourir cet artiste de talent sans le décorer ?

Maintenant, nous allons partir pour Lormes, la voiture nous attend.

Samedi 25 avril 1891

CANTON DE LORMES (3.092 habitants)

Séance à une heure du soir

On peut aller à Lormes par deux routes. Si l'on prend celle de Cervon, il y a seize kilomètres, tandis que par l'ancienne route, qui est plus accidentée, il n'y en a que douze. Bien avant d'arriver à Lormes, on aperçoit de la route son église perchée sur un plateau élevé. La campagne est fort belle, on remarque çà et là d'énormes blocs de granit. Nous sommes en plein Morvand.

Nous descendons chez Langlois, à l'hôtel de la *Poste*, où l'on est certain de trouver bon gîte et bonne table.

Lormes (*ulmus*), qui suivit presque toujours les mêmes destinées que Château-Chinon, eut presque toujours aussi les mêmes propriétaires. Cette ville était divisée en deux seigneuries : l'une portait le nom de Lormes-Châlon, et relevait du comte de Nevers ; l'autre dépendait de Château-Chinon. Cette ville n'a point, comme Château-Chinon, une origine fort ancienne. Le premier document qui en fait mention est une charte de 1125, dans laquelle le roi Louis le Gros, par ordre du Pape, mande à l'évêque d'Autun qu'il l'investit de l'église de Lormes.

Lormes est baignée par l'Auxois, affluent de droite de l'Yonne. Il se forme au pied de la haute colline de Lormes, par la jonction du Goulot et du Cornillat, qui produisent de jolies cascades : deux de ses tributaires de droite forment, l'un la cascade des Aubues, l'autre la cascade de Saint-Georges.

Nous montons au plateau de l'église par les Promenades. C'est très fatigant de monter... monter... presque à pic ; mais nous sommes largement récompensés de nos fatigues par la beauté et l'originalité des sites que nous contemplons. Nous voici à l'église ; entrons dans le cimetière qui forme un jardin plein de fleurs les plus diverses et parfaitement entretenues. Arrivés au parapet qui clôture le cimetière, un panorama splendide s'offre à nos regards. On resterait là des heures entières en contemplation ! Nous descendons par le petit sentier au sud de l'église, dans une vaste et belle gorge d'où nous voyons les cascades. C'est un endroit très agréable à parcourir par une journée ensoleillée. Il faut voir aussi le dolmen.

La ville de Lormes est très curieuse à visiter. Si l'on remonte des cascades par la route et que l'on se dirige du côté de la mairie, on remarque, construites en amphithéâtre, les maisons précédées de leurs parterres et de leurs jardins. C'est d'un effet merveilleux.

Lormes est certainement le canton le plus pittoresque et le plus accidenté de la Nièvre. De plusieurs côtés on trouve des mamelons tout à coup séparés par une petite gorge, au fond de laquelle coule un clair ruisseau. C'est plaisir que de s'enfoncer dans ces petits chemins encaissés où les torrents microscopiques chuchotent et se poursuivent parmi les pierres ; étincelants comme des filets d'argent, agiles, infatigables, on les voit se heurter contre un obstacle, jaillir en mille gouttelettes fines et se perdre tout à coup pour reparaître ensuite plus vivants, plus limpides et plus joyeux que jamais. Parfois, dans le creux d'une roche, qui, par hasard, se trouve là, ces petits êtres réunissent leurs eaux, et, se reposant un peu de leur longue promenade, se transforment en un miroir transparent et pur où les arbres et le ciel se reflètent tranquillement. Alors, un oiseau, sautillant avec prudence, s'approche lentement, boit à petits coups rapides, et s'envole bien vite dans les branches voisines, laissant le miroir frémissant et ridé.

La magnifique forêt qui entoure Lormes à l'Ouest et au Sud, — et à laquelle nous rendons visite chaque fois que nous allons à Lormes, à la fin de mai, — est sombre et fraîche ; les sentiers, d'abord frayés sur un sol élastique et noirâtre, parmi les bruyères et les fraisiers sauvages, se perdent bientôt au milieu des racines dénudées qui s'enchevêtrent comme les osiers d'une corbeille. Là, tout est humide, suintant ; l'air lui-même est plein de moiteur. Les mousses qui recouvrent les rochers et les troncs brillent et ruissellent comme brille et ruisselle une touffe de serpolet que baigne la rosée du matin. Une végétation surabondante envahit le sol, s'accroche aux arbres, pénètre partout ; jusque dans les fentes des vieux chênes morts, pourris et courbés à terre, les petites plantes poussent avec l'ardeur d'héritiers pressés de jouir.

On dirait que la nature, à court d'espace, s'est débarrassée là d'un excès de fécondité. Il faut se frayer un passage dans ce milieu trop rempli, s'accrocher aux racines tandis que le pied glisse. On se sent enveloppé par cet épanouissement, cette ardeur de vie. Dans l'atmosphère immobile, des milliers de petits bruits confus, de murmures indéfinissables ; pas un être humain, mais tout un monde d'êtres ! On les entend, on les devine. Toutes les fécondités s'attirent. Sous ce fouillis de plantes, sous ces herbes, dans ces mousses, s'agitent des peuples entiers. Ces feuilles, ces herbes, ces mousses elles-mêmes respirent, vivent..., aiment peut-être. Sous quel ardent baiser cette terre a-t-elle été fécondée? sous quelle divine caresse tous ces êtres ont-ils pris naissance? A mesure que l'homme approche son œil et concentre son attention, les mottes de terre se peuplent et s'animent; les grains de sable ont leur architecture, leurs cavernes, leurs horizons; des riens deviennent quelque chose, et l'on est ému en trouvant sous la mousse l'immensité sans limites qu'on ne rêve que là-haut.

Mentionnons deux figures sympathiques que nous avons le plaisir de voir tous les ans à Lormes, MM. A... T.., maire, et le docteur B. de G..., son adjoint. Nous souhaitons aux Lormois de les voir longtemps encore à la tête de leur municipalité, où ils rendent de grands services, sans qu'ils en aient l'air.

Ce canton termine la subdivision de Cosne. Nous regagnons, en voiture, Corbigny d'où après un rapide dîner, nous prenons le train de sept heures cinq du soir pour Nevers. Nous sommes chez nous à dix heures vingt-sept du soir.

Authentique :

Entendu au conseil de revision, à Lormes.

Le Médecin-major à un conscrit. — Toussez.
Le Conscrit. — Mais, je ne suis pas enrhumé.

L'arrondissement de Clamecy fournit à l'armée un excellent contingent. Le canton qui mérite la première place est celui de Tannay. En 1891, nous avons remarqué six conscrits mesurant une taille supérieure à 1 m. 80, et gros en proportion. L'un d'eux mesurait 1 m. 87, il était taillé en hercule. Vient ensuite le canton de Brinon, puis ceux de Lormes, Corbigny. Les cantons de Clamecy et de Varzy offrent un contingent moyen.

FIN DE LA PREMIÈRE PARTIE

UNE TOURNÉE DU CONSEIL DE RÉVISION

DANS LA NIÈVRE

DEUXIÈME PARTIE

Jeudi 21 mai 1891
CANTON DE POUGUES (1,564 habitants)
Séance à une heure et demie du soir

Vingt-cinq jours se sont écoulés depuis que nous avons terminé notre première partie de la tournée du conseil de revision. Remettons-nous en route; c'est par Pougues que nous allons débuter.

Pougues est un village avenant et confortable, bâti dans le sens de la belle route de Paris à Antibes, avec une église romane, vieille de 800 ans, bien nue et délabrée, mais qui, fort heureusement, vient d'être restaurée. Pougues s'est établi dans la riche et spacieuse vallée de la Loire, aux abords du fleuve, sur la dernière pente du mont Givre, et s'abrite à l'Est sous de verdoyantes collines. Autour de lui, — de face ou de profil — auprès ou au loin — coquettement ou franchement, se présentent des paysages variés et pittoresques. Pougues, dont nous rencontrons la source minérale au pied d'une montagne, doit à sa position son nom moitié celtique et moitié latin. Les eaux de la montagne *Podii aquæ*, d'où l'on a fait *Podaquæ*, *Poguæ* et *Pogæ* qui est le nom du lieu dans les titres latins du moyen âge. Rien, chez les écrivains romains, ne peut donner

l'idée que ce lieu ait été connu et fréquenté par
les gens de leur nation ; et, cependant, il est à
peu près certain qu'ils y avaient un établissement.
A peu de distance de Pougues, dans le champ de
Bretagne, du côté de la Charité, on a trouvé des
briques à rebord, des débris de marbres étrangers et plusieurs tronçons de colonnes. Si l'on en
croit de bonnes gens, Hercule serait venu s'y
guérir d'une gastrite, et Jules César de la gravelle.

Les eaux de Pougues sont célèbres aujour-
d'hui : presque inconnues durant le moyen âge,
elles ne sont bien fréquentées que depuis la fin
du seizième siècle. Leur réputation date du séjour
qu'y fit le duc de Nevers, Charles de Gonzague,
en 1568. En 1588, Henri III souffrait beaucoup de
coliques néphrétiques ; un matin que la douleur
était atroce : « Ah ! mon bien-aimé Miron, fit-il
à son médecin, je suis envoussé. — Les
sorciers qui rendent Votre Majesté malade, dit
finement Miron, ne sont pas de ceux qui se
servent du grimoire. Restez en repos quelques
semaines et buvez de l'eau de Pougues. » Henri
but et s'en trouva bien. Sa mère, Catherine de
Médicis, l'imita avec succès et, pour la commo-
dité des malades, fonda, dans le voisinage, le
couvent des Capucins dont on voit encore les
restes. Henri IV, Louis XIII, Monsieur, son frère,
et le roi Louis XIV augmentèrent la réputation
des eaux ; le prince de Conti y vint pendant trois
années de suite. C'est lui qui fit planter la belle
allée de tilleuls qui conduit à l'établissement
thermal.

Parmi les personnages qui vinrent à Pougues
oublier leurs maladies, citons les suivants : Henri II,
sa femme Catherine de Médicis ; Henri III, héri-
tier des coliques de son père ; Henri IV, atteint

d'une verte goutte contractée à la compagnie des
dames et des soudards ; Louis XIII et mademoi-
selle de Fontanges, l'*Auvergnate ;* le cardinal de
Retz, archevêque de Corinthe *in partibus ;* le duc
de la Vallière, le duc de Mayenne, Monsieur,
frère du roi, attiré par les charmes de Marie de
Gonzague ; le prince de Conti et la duchesse de
Mazarin, etc., etc. La noblesse s'y bousculait.
Parmi les gens de lettres : Jean-Jacques Rous-
seau, Adam Billault, le *Virgile au rabot.*

L'eau de Pougues est acidule gazeuse, bicar-
bonatée cacique, — c'est-à-dire alcaline à base de
chaux, — ferrugineuse et iodée. Les maladies
que l'on y traite avec succès sont : les maladies
des voies digestives, dyspepsies, gastralgies,
diarrhées chroniques ; maladies du foie, lithiase
biliaire et coliques hépatiques ; maladies des
voies urinaires, gravelles, coliques néphrétiques ;
goutte, diabète, anémie, chlorose.

On trouve l'eau de Pougues dans toutes les
villes et sur beaucoup de tables. Elle est agréable
à boire et facilite la digestion. Son prix assez
élevé fait qu'on lui préfère souvent les eaux de
Fourchambault, à 10 centimes la bouteille, ou
celles de Saint-Parize-le-Châtel à 15 centimes.
L'eau de Pougues se vend 60 et 75 centimes la
bouteille, c'est ce qui fait dire aux gens de
Pougues qu'elle est plus chère que le vin, et qu'ils
préfèrent de beaucoup celui-ci pour traiter leurs
maladies.

Depuis quelque temps, en outre de la source
qui existait précédemment chez M. Alfred Massé,
ancien sénateur, on a découvert une nouvelle
source, — source Elisabeth, — dont le débit
est énorme. On la voit très facilement de la
ligne du chemin de fer, en face de la gare de
Pougues. M. Massé, qui fait exploiter l'ancienne

source située dans sa propriété, livre l'eau à raison de 25 centimes la bouteille. Elle a les mêmes propriétés que celle de la source Saint-Léger dont nous avons parlé plus haut : Saint-Léger — du nom d'un ancien évèque d'Autun, aveuglé puis tué par un maire du palais nommé Eboïn, — et que celle de la source Saint-Marcel, évèque de Paris, qui de son étole tenait en laisse un farouche dragon né du corps d'une fille dévergondée, et jeta à la mer — probablement symbole des maladies que le brave évèque oblige à se noyer dans sa source alcaline.

Entrons dans l'établissement. En avant de la grille, sous nos pieds, deux grandes citernes souterraines, à double galerie, concentrent et emprisonnent l'eau de source destinée aux douches et aux mélanges des bains. Une grille centrale, flanquée de deux petits pavillons, — reliés eux-mêmes par deux grilles plus petites, — s'ouvre en face de la vaste cour d'honneur, à droite de laquelle bouillonnent les sources. Au fond, le parc, d'un effet ravissant. L'aile de gauche est consacrée aux traitements des malades ; l'aile de droite à leurs agréments, c'est le Casino. Dans l'aile de gauche on prend des bains et des douches, c'est intéressant à visiter. Entrons au Casino. A droite, le théâtre, l'orchestre et la chambre des artistes. Ensuite, le salon de jeu ; plus loin, l'immense salon des fêtes, très élégamment meublé. Ces deux salons sont séparés par une cloison mobile que l'on fait jouer à volonté, vous êtes alors dans une vaste salle de bal, de spectacle ou de concert. Enfin, au bout, un salon de lecture où l'on trouve une quantité de journaux et de revues. Aux murs, sont suspendus les portraits à l'huile de quelques-uns des nombreux personnages qui sont venus demander aux eaux de Pougues le rétablissement de leur santé : Henri III,

Catherine de Médicis, Henri IV, Marie de Gonzague, Louis XIII, la duchesse de Montespan, dans un décolleté qui laisse voir — plutôt que deviner — des charmes solides et volumineux ; la duchesse de Longueville, et, enfin, Louis XIV. A la sortie du Casino, un café au rez-de-chaussée et un cercle au premier étage. A côté, un tir bien organisé. Tournons le dos à la grille, et nous avons devant nous une des sources qui vient de révéler son âge vénérable par une série d'antiques médailles trouvées dans ses profondeurs ; au fond, le pavillon de la musique, et, enfin, au delà, le parc, dans la splendeur de ses grands arbres, le mystère de ses massifs, le velouté de ses gazons, le chatoiement de la vaste pièce d'eau — où l'on peut se livrer à la pêche, moyennant une légère rétribution, — le fuyant de ses allées, le charme de ses bancs à l'ombre et l'invite de ses kiosques solitaires.

Buvons un verre d'eau qui nous est offert par une gracieuse nymphe. On nous raconte que, de temps immémorial, les Nivernais et les Bourguignons viennent aux deux patrons des sources en neuvaines de boisson et de prières mêlées. La bénédiction des sources est entrée et restée dans le cérémonial des mariages pougois.

Derrière un joueur de vielle, de violon ou de musette, le couple des jeunes mariés, au sortir de la mairie et de l'église, se rend à la fontaine suivi de tous les gens de la noce. Là, il boit et dans le même verre, en l'honneur de Monseigneur saint Léger, cette eau miraculeuse qui doit, de la jeune épouse, faire bientôt une jeune mère, tant il est vrai que cette eau possède une grande efficacité contre la stérilité des femmes, — ce que nous avions omis de mentionner, — qu'on veuille bien nous le pardonner. — Puis le cortège enru-

banné fait le tour du parc, traverse le village où
chacun, du seuil de sa porte, envoie des saluts et
des souhaits. Voilà, paraît-il, quatre cents ans,
au moins, que les nouveaux mariés ingurgitent
la bénédiction d'Abraham avec les eaux de
Pougues et, certes, Pougues se perpétue, bien
peuplé, bien portant.

Entrons maintenant, s'il vous plaît, dans le
parc artistement dessiné et clos de haies vives ;
nous vaguerons des allées sablées aux vertes pelouses, des avenues de marronniers aux bosquets
de hautes futaies, des corbeilles de fleurs aux
kiosques rustiques. Une pièce d'eau nous offre, à
fleur de berge, sa barque promeneuse ; un pont
charmant nous invite à passer dans une île de
verdure où le gazouillement des oiseaux, les
murmures du feuillage, le bourdonnement des
causeries et les soudains éclats de rire concertent
dans de joyeux et fraternels *tutti*. Au bout du
parc, l'*Allée des soupirs* va rejoindre cette grande
route de Paris à Antibes, ponctuée de sa double
rangée d'immenses peupliers admiratifs.

Au fond du parc, à droite, gravissons la montagne et faisons une halte à son sommet. Jouis-
sons de ce magnifique panorama qui se déroule
autour de nous. Voici, à nos pieds, descendre
vers la rivière une riche végétation entremêlée de
coquettes et blanches maisons de campagne, de
ruisseaux murmurants ; puis, c'est Fourchambault avec ses noires usines, sa fumée tourbillon-
nante et son pont suspendu dont les chaînes de
fer tranchent sur les eaux argentées de la Loire.
A notre droite, suivons ces vapeurs, c'est le cours
de la Loire ; la montagne et le château de Sancerre bornent l'horizon de ce côté. A notre
gauche s'élève doucement le coteau de Vernuche,
dominé lui-même par la ville de Nevers dont le

sommet de la tour et des monuments se dessine
en gris violet sur un fond d'azur. A droite de la
ville est le confluent de l'Allier ; au delà, le vieux
donjon de Cuffy qui surgit seul au milieu des débris, et, enfin, quand l'atmosphère est pure et
transparente, voyez poindre à l'horizon, dans la
direction du cours de l'Allier, les pitons bleuâtres
des montagnes de l'Auvergne.

On vient nous prévenir que la voiture est atte-
lée. Notre sympathique préfet, M. Bruman, qui
m'a fait l'honneur de m'offrir une place dans sa
voiture, tient à rentrer à la Préfecture pour signer
son courrier. Laissons donc Pougues et ses
sources bienfaisantes. Disons-leur au revoir, car
nous nous proposons de venir souvent les visiter
cet été.

Vendredi 22 mai 1891

CANTON DE SAINT-BENIN-D'AZY (1,923 habitants)

Séance à deux heures du soir

Saint-Benin-d'Azy est à dix-neuf kilomètres
de Nevers, la route est accidentée. Il faut partir
de Nevers à midi, pour arriver quelques minutes avant la séance.

En sortant de Nevers par le quartier de Nièvre,
on traverse le faubourg de Mouësse dont les
dîmes appartenaient aux religieux du prieuré.
Après le pont, on aperçoit les restes de la maladrerie de Saint-Lazare. A gauche de la route, on
voit poindre le toit aujourd'hui délabré du petit
oratoire de Chaluzy ; sa tour posée entre la nef
et l'abside est à moitié ruinée. Nous avons traversé le territoire de la commune de Saint-Eloy,
nous voici au ruisseau de Faye, et nous entrons
dans les bois de Faye, qui, des vaux de Nevers,

s'étendent au loin dans la contrée des Amognes.
C'était jadis une des belles propriétés des comtes
de Nevers, qui aimaient à y venir chasser. Le
castel où ils s'arrêtaient était en ruines à la fin
du dernier siècle ; ce qui en reste a été tellement défiguré par les travaux de la route qui
y passe, qu'il n'est possible d'assigner aucun caractère particulier à sa construction. Elle devait
remonter fort haut ; dès avant le treizième siècle,
des droits assez étendus étaient attachés à ce
manoir seigneurial : la comtesse Mahault y avait,
en 1243, une gruerie qui connaissait des délits et
de pêche et de chasse.

Légende du « Chêne de la messe ».

C'est dans ce bois et non loin du lieu où nous
sommes, que s'élève le *Chêne de la messe*. Voici
ce que raconte à son sujet une tradition curieuse.
A une époque fort reculée, guerre s'émut entre
Saint-Saulge et Nevers. Des deux parts, on
forme le projet de surprendre l'ennemi. Les
Saint-Saulgeois se mettent en route et dévorent
l'espace ; tout à coup l'armée surprise s'arrête :
le même jour et à la même heure, les habitants
de Nevers sont sortis de leur ville, et la rencontre
a lieu. Déjà les armes s'apprêtent, les cris de
mort éclatent, on va se charger avec fureur.
Soudain, un prêtre s'avance, couvert de vête-
ments sacrés et tenant à la main la croix qu'il
montre aux deux armées. On se tait : le prêtre
parle ; ses paternelles exhortations touchent les
cœurs ; les armes tombent des mains de ces furieux apaisés ; ils se rapprochent, se mêlent,
s'embrassent. Il ne s'agissait plus que de sceller
la réconciliation : une pierre s'élève au pied
du chêne qui peut-être avait vu jadis d'autres sa-
crifices, et sur cet autel improvisé fut offerte la
victime de paix.

Ce fait, qui paraît fabuleux, nous est arrivé altéré par la tradition. Nous croyons qu'il se rapporte à l'époque où les Gaules étaient habitées par des peuplades indépendantes et souvent ennemies les unes des autres.

Près de là sont les ruines du prieuré de Faye ; il était occupé par les Bons-Hommes, religieux de l'ordre de Grandmont qui fut institué en 1026 par saint Etienne de Muret. Quelques restes d'architecture rappellent les premières années du douzième siècle. C'est de cette époque en effet que date le prieuré ; et la fondation en est due à ce comte Guillaume qui, en 1148, prit l'habit monastique et mourut à la Grande-Chartreuse, près de Grenoble. Voici le récit de Guy-Coquille, abrégé.

Le Feu du charbonnier

Un gentilhomme de sa maison, amateur de chasse, se trouve surpris par la nuit dans le bois, très grand et très épais, à l'endroit où se trouve le monastère de Faye ; étant égaré de son chemin, il fut très heureux de loger dans la cabane d'un charbonnier qui avait à son fourneau du charbon en feu. Vers minuit, il voit arriver un homme à cheval ; c'était un fantôme ayant une femme en croupe. Tous deux descendent de cheval près du fourneau. L'homme donne trois coups de dague à la femme, puis la jette demi-morte dans les charbons ardents et s'y jette ensuite. Immédiatement après, le chevalier et la dame disparurent. C'était une vision fantasmagorique. Le gentilhomme, hôte du charbonnier, épouvanté ne put dormir de la nuit. Dès que le jour fut venu, il se rendit vite auprès du comte de Nevers, son maître, et lui raconta ce qu'il avait vu.

Le comte voulut satisfaire sa curiosité et s'en

assurer par lui-même. Donc, une nuit qu'il se
trouva là, la même vision s'offrit à ses yeux, car
le charbonnier avait dit que toutes les fois qu'il
avait un fourneau de charbons enflammés, à
minuit la même vision se produisait. Après avoir
recueilli des renseignements de toutes parts et entendu les récits qui lui furent faits à ce sujet, le
comte vit que c'était la pénitence imposée à un
gentilhomme de sa maison, décédé, qui, aimant
follement une femme mariée, tua son mari pour
jouir plus facilement d'elle, ainsi qu'en courait le
bruit, mais sans preuves. Mû par cette vision
merveilleuse, le comte fit bâtir, fonda et dota au
même lieu la maison, église et monastère de Faye
qui fut prieuré, et il y fit venir des moines de l'ordre de Grandmont.

Où donc est la naïve crédulité de ce bon et
simple vieux temps?

Voici la légende qui m'a été racontée par trois
vieillards des Amognes, dignes de foi. Ils la
tiennent de leurs ancêtres. Elle ressemble peu à
la première. Les charbonniers l'appellent la
Légende de nos grands bois.

La Légende des grands bois.

C'était au milieu d'un hiver très rigoureux,
pendant la nuit de Noël. Le peuple se rendait,
grelottant, vers la cathédrale de Saint-Cyr où
l'on allait célébrer la messe de minuit. Les cloches
sonnaient à toute volée, sur Nevers, la naissance
de l'enfant Jésus. L'église était pleine, l'évêque
en plein chœur, revêtu de sa mitre et de ses plus
beaux ornements. Le comte Guillaume de Nevers
était là, au milieu de ses barons et de ses gen-
tilshommes. Cependant, à l'écart, une noble dame
en prières auprès de son époux, belle et blanche,
attirait bien des regards. Dans son maintien calme

et résigné, elle semblait recéler d'intimes chagrins. Anéantie au monde, rien ne la distrayait; son regard flottait, vague, comme perdu dans l'infini. Tout à coup un grand bruit se fait entendre, au moment où tous les fronts s'inclinent et que le prêtre élève l'hostie. Un gentilhomme, grand et beau, s'élance vers la noble dame, l'entraîne et s'ouvre un passage à travers la foule. Le mari s'élance pour s'emparer de sa femme qui fuit avec le beau cavalier. Ce dernier, qui a baissé la visière de son casque, lui perce le cœur de son poignard. Parvenu à la porte de l'église où l'attendait un vigoureux coursier, il s'élance, enlevant son précieux fardeau, et l'emporte, à travers la nuit sombre et froide, dans les vieux bois de Faye.

« Ah ! vois-tu ? soupirait une plainte étouffée, on nous poursuit, nous sommes perdus ! » Le chevalier faisait tous ses efforts pour la calmer à travers cette course furibonde, mais rien ne pouvait la rassurer, à demi morte sur le coursier qui l'emportait. Soudain, l'oreille au guet, la crinière au vent, le cheval fait un bond d'épouvante et de ses fers fait jaillir des étincelles et des morceaux de glace. Frappé d'un choc, il s'abat brusquement. Au même instant, un horrible monstre, à la bave écumante qui s'échappe d'une gueule armée de crocs, s'élance sur le chevalier et, de ses dix griffes aiguës, brise sa cotte de mailles et fouille ses entrailles. Celui-ci a tiré son poignard et résiste à la bête immonde. Ce fut une effroyable lutte. Du sein des bois, les vents violents portèrent bien loin aux charbonniers et aux pâtres stupéfaits des cris tellement lamentables qu'ils doutèrent si c'étaient des cris humains, et des vapeurs de soufre, — à ce qu'ils prétendirent, — se répandirent dans les airs, et des feux bleuâtres flambèrent dans la forêt jusqu'au jour.

Le lendemain, on trouva dans la neige rougie de sang deux cadavres gisant sur le bord de la route. Une charmante jeune femme, couchée entre les bras d'un beau chevalier, semblait lui sourire, et lui, — qui sut jamais la vérité? — expiant la trop probable erreur d'un coup mal dirigé pendant la nuit obscure, repoussait un poignard et baisait la blessure béante qu'elle portait au cœur.

Leur étrange mort et leurs noms demeurèrent ignorés. Auprès d'eux, dans la neige, on releva l'empreinte d'énormes pieds velus que personne n'avait jamais vus ni soupçonnés en ce monde. La dépouille inconnue des deux jeunes gens fut abritée d'une croix, et tout fut dit; mais quand ce noir souvenir venait rider le front austère des anciens Amognons, sous un grand châtiment de Dieu, ils soupçonnaient un grand crime impuni de la terre.

Nous approchons de Saint-Benin-d'Azy. Voici, à droite de la route, le château de M. Benoist d'Azy. C'est un beau château moderne, de style Louis XIII, sur les restes d'un vieux château et d'un vieux donjon ruinés.

Les Amognes.

Les Amognes ne comprennent plus aujourd'hui que les cantons de Saint-Benin-d'Azy et Saint-Saulge. Elles ont leur physionomie, leur caractère à elles : ce ne sont point les plantureux pâturages du Bazois, ni les montagnes boisées du Morvand, ni les coteaux vineux des vaux de Nevers; ce qui les distingue du reste du Nivernais, c'est la richesse du sol, propre à toutes les cultures; les Amognes sont notre Beauce, notre terre de Gessen. Frappés de la puissance de végétation de cette contrée, tous les historiens ont

cherché l'étymologie de son nom dans un mot
qui peut exprimer cette fécondité. Coquille la tire
du mot latin *alimonia*, aliment; cependant,
comme au moyen âge les moines, en vieux français *mognes*, étaient les grands dîmeurs du pays,
il flotte indécis entre l'expression latine *alimonia*
et l'expression populaire *terre as mognes ;* les
autres historiens ont admis l'une ou l'autre. Remontons aux sources, consultons les chartes.
Aux huitième et dixième siècles, c'est tantôt
Ammoniæ ou *Amangiæ.* Ces deux mots, dé-
pouillés de leur désinence latine, fournissent, selon nous, la véritable étymologie, car, soit dit en
passant, grand nombre de noms, sous un accou-
trement latin, cachent une origine celtique, et
Amoniæ, Amangiæ, du celtique *Amon, Aman,*
fertile, et *i, gi,* contrée, *fertile contrée,* nous donnent la véritable appellation de ce riche pays.

Nous sommes arrivés, entrons à la mairie. La
séance finie, faisons un tour dans le pays qui
n'offre rien de remarquable. Le seul ruisseau qui
soit à proximité de Saint - Benin - d'Azy est
l'*Yxeure,* qui est tributaire de l'Aron. Il a son
embouchure entre le Bourget et les forges d'Im-
phy. Les Amognes, comme le Bazois, fournissent
des hommes magnifiques ; les femmes de cette
contrée sont généralement d'un physique agréable ; bien constituées, solides, elles résistent bien
et supportent facilement les rudes travaux de la
campagne. Elles ont une belle carnation et jouis-
sent d'une bonne santé. En général, on a remarqué que, comme les hommes, elles sont douées
d'un caractère égal et placide.

Montons en voiture, il nous reste 17 kilomètres
à parcourir pour arriver à Saint-Saulge.

Samedi 23 mai 1891

CANTON DE SAINT-SAULGE (2.430 habitants

Séance à neuf heures et demie du matin.

Les souvenirs abondent à Saint-Saulge. S
un plateau qui s'aplanit au Nord, en un lieu
la *Vieille-Ville*, apparaissent des restes de c
tramétation romaine, près desquels on a trou
diverses poteries et plusieurs grands bronzes
l'époque de Trajan. Le camp a la forme d'
trapèze quadrilatère, ayant au Nord 104 mèt
de large et au Sud 96, sur 104 mètres de long
l'Ouest et 117 à l'Est. De ce côté sont deux e
trées; l'enceinte est formée par la terre des foss
amoncelée à un mètre de hauteur. Au Sud, so
des restes de voie romaine.

Dans les alentours, les paysans parlent av
effroi de deux monstres femelles qui désolaie
autrefois la contrée, du côté de Saint-Marti
des-Bois : l'une, sirène enchanteresse, attirait l
voyageurs par la douceur de sa voix et les dév
rait : l'autre, nommée *la Dame de Montpassar*
saisissait les imprudents qui s'aventuraient,
nuit, près des étangs et les entraînait au fond
l'eau.

La ville de Saint-Saulge, dont nous ignoro
l'importance et l'appellation sous les Romain
tire son nom d'un évêque d'Albi, *Salvius*, do
les reliques y furent portées pendant que l
Arabes ravageaient l'Aquitaine. L'église conver
tuelle, refaite en entier à la fin du onzième siè
et consacrée sous le vocable de saint Saulge, n
conservé, de ces temps reculés, que le chœur
le sanctuaire avec les lourds piliers saxons de l
nef; les voûtes et les murs extérieurs ont été re
touchés à diverses époques.

L'histoire de la ville qui nous occupe est à pe

près nulle au moyen âge : on sait seulement que,
lorsque Pierre de Courtenay délaissa les comtés
de Nevers et d'Auxerre, il retint l'usufruit du château de Saint-Saulge et qu'il y renonça, en 1203,
pour 1,340 livres de Provins. Nous ignorons
quand les habitants furent affranchis et dotés de
privilèges municipaux. Dans les environs, s'est
conservé un usage servile : au jour de la célé-
bration d'un mariage, on porte à l'église une
poule que l'on fait crier, lorsque le poêle se dé-
ploie sur la tête des nouveaux époux. Si la poule
chante, ils seront heureux en ménage ; si elle se
tait et refuse de chanter, le ménage sera malheureux et *le torchon brûlera souventes fois entre
les époux.*

La mairie de Saint-Saulge est située sur un
plateau élevé ; à la suite de la place qui la précède,
descendons en pente douce. Nous sommes sous
la magnifique promenade, ombragée par de beaux
marronniers. C'est sous ces frais ombrages que la
fanfare de Saint-Saulge se fait entendre et laisse
envoler ses canards les mieux nourris. Ce grand
bâtiment que vous apercevez au bas, sur votre
droite, en faisant face à la Mairie, appartient aux
Sœurs de la Charité de Nevers. C'est l'ancienne
maison-mère, fondée en 1685 par Jean Delavenne,
sacristain du prieuré et fils d'un barbier de Saint-
Saulge. Depuis que l'on a construit à Nevers les
vastes bâtiments de Saint-Gildard, où sont les
religieuses de la Charité, la maison de Saint-
Saulge sert d'asile de retraite aux vieilles et de
refuge aux convalescentes. Elles y trouvent le
repos et y réparent leurs forces.

Les Beugeons.

Il court dans le Nivernais un proverbe qui ne
reconnaît aux Saint-Saulgeois qu'une naïveté

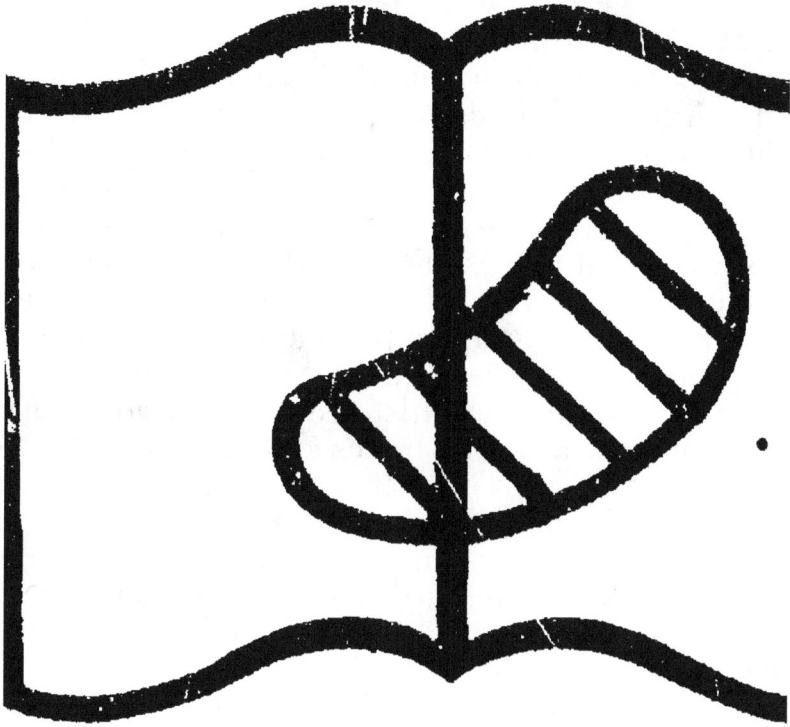

Illisibilité partielle

.ABLE POUR TOUT OU PAR

:UMENT REPRODUIT

plus qu'enfantine. On les appelle *les Beugeons*, et
on les charge d'une quantité d'aventures de nature à les couvrir de ridicule. Je crois qu'ils en-
dossent non seulement les faits qui sont relevés à
leur charge, mais encore beaucoup d'autres qui
leur sont attribués à tort, puisque la chronique
les a souvent placés ailleurs. Dans maints dépar-
tements, en effet, il y a ainsi un pays que
l'on ridiculise comme à plaisir, c'est lui qui porte
les fautes de tous les autres. Aussi je me garderai
bien de vous narrer l'histoire des lanternes, celle
des bougies, celle des bancs « pour s'asseoir », et
tant d'autres que l'on attribue tout aussi bien aux
gens de *Falaise* qu'à ceux de Saint-Saulge. Je
me bornerai à vous en servir quelques-unes qui
passent pour authentiques et qui nous ont été ra-
contées par des gens de Saint-Saulge très dignes
de foi.

Le Choix d'un maire

A Saint-Saulge, on a la réputation d'être entêté
et de ne pas s'entendre. Or, le conseil municipal
était en bisbille pour la désignation de son maire
à Monsieur le Préfet qui devait le faire nommer
par l'empereur. C'était à qui aurait l'écharpe.
Trois chôteurs de balcons et d'estaminets avaient
. . . divers moyens, et même le conseil était
. . . cidé à s'en rapporter au hasard du
. . . un facétieux conseiller fit la proposi-
tio . . . . . :

. . . le suivant, au sortir de la messe,
devant la population assemblée, les conseillers
municipaux se rangeraient en cercle autour du
gros prunier qui étend ses rameaux gigantesques
sur la place. Comme on était au mois d'août, à la
saison des prunes, chaque conseiller ouvrirait la
bouche toute grande, et..... celui qui recevrait la
première prune aurait l'écharpe. »

Cette honnête proposition fut acceptée avec enthousiasme et, au jour dit, le conseil municipal, au grand complet, s'aligna et entoura le prunier qui devait donner l'écharpe *au plus digne*, en même temps que la prune. La foule des Bougeons formait le cercle à une distance respectable, pour être juge de la chose.

Ils étaient là tous les seize, vêtus de leurs habits de fête et parés ainsi qu'aux plus beaux jours. A un signal convenu, les mâchoires s'ouvrent dans l'attente.....

Dans leur empressement, nos braves conseillers n'avaient pas remarqué un jeune dindon qui, perché sur une forte branche, rêvait sans doute à ses amours ou..... au bon tour qu'il allait leur jouer.

Après un bon quart d'heure d'une vaine attente, égayée par les lazzis et les remarques les plus piquantes de la galerie, le gros François, le coq de Saint-Saulge, reçut en pleine bouche une prune... qui n'était pas celle qu'il attendait.

« *A moi l'écharpe!* » s'écria-t-il immédiatement.

Mais un loustic qui, d'en face, avait suivi l'affaire, lui répondit :

« *Crache le noyau!* »

Le malheureux ne put le faire — et pour cause — de sorte que l'écharpe convoitée lui échappa. Ce que la galerie s'esclabauda et rigola aux dépens de cet ambitieux, je vous le laisse à penser. Notre gros François s'en fut penaud à son domicile, reconduit par la foule qui ne lui ménageait pas les quolibets.

Feu d'artifice

C'était en 1855, aux approches du 15 août, jour de la fête de l'empereur. Le conseil munici-

pal de notre bonne ville de Saint-Saulge, désireux
de s'attirer les faveurs impériales, résolut de se
signaler entre tous, en donnant à la commune et
à celles voisines le spectacle, si rare alors, d'un
beau feu d'artifice.

Le conseil s'assemble donc pour délibérer et
choisir les voies et moyens à l'aide desquels on
pourra donner à la fête du 15 Août un éclat inac-
coutumé. Après une longue discussion, la lumière
finit par jaillir; on décida qu'une somme de
80 francs serait votée et qu'il y avait lieu de délé-
guer deux membres du conseil qui se rendraient
chez le Ruggieri de Nevers et achèteraient le feu
d'artifice. (Voir la délibération en date du 12 août
1855.) Ce qui fut dit fut fait, et, le lendemain, la
délégation saint-saulgeoise débarquait à Nevers,
à l'hôtel du *Chat-qui-Fume*, et, pénétrée de sa
haute mission, se rendait chez Bourgier, artificier, rue du Commerce.

Celui-ci leur fit un beau choix des pièces qui
devaient composer le feu d'artifice ; la grande
pièce représentait la déesse de l'Agriculture et
valait à elle seule 40 francs, ainsi qu'en fait foi
la facture annexée au registre des délibérations.
On finit par s'entendre sur les prix et on paya
l'artificier, qui indiqua gracieusement la manière
de mettre le feu aux pièces.

La délégation municipale revint, radieuse, à
Saint-Saulge. Le maire — un maire à poigne —
qui possédait, pour se l'être inoculé, le microbe
du ruban, et qui espérait bien que l'empereur le
décorerait à la suite de ce haut fait qui aurait un
retentissement universel, le maire, disons-nous,
attendait, au milieu de son conseil, l'arrivée de
la délégation qui fut accueillie, je vous le laisse à
penser, par des cris enthousiastes.

Quelques conseillers, gros bonnets de l'endroit,
opinèrent qu'il fallait voir ce qu'était ce feu

d'artifice, et qu'après tout on pouvait bien *l'essayer* pour juger de l'effet qu'il était appelé à produire sur la masse populaire.

On était au 14 au matin, *Mossieu* le Maire fit annoncer par le tambour et le garde champêtre que le conseil avait décidé qu'un essai général du feu d'artifice aurait lieu le soir, 14 août, veille de la fête. L'essai eut un succès merveilleux ; ceux qui y assistèrent le proclamèrent hautement et invitèrent leurs parents, amis et connaissances à venir le voir partir le 15 août. On dîna, on banqueta, on trinqua, on s'embrassa : l'enthousiasme était à son comble. Finalement, on se rua sur la place de la mairie pour assister à ce beau spectacle. Là, on remarquait, assis sur des bancs, *Mossieu* le Maire, son adjoint, les conseillers et les notabilités de l'endroit. La foule, anxieuse, grouillait sur ses pieds, dans l'attente.

Tout à coup, à un signal donné, le bedeau s'avance, son lumignon à la main. Mais, c'est en vain qu'il veut allumer les pièces, elles ne peuvent plus prendre feu. On jure, on tempête, rien n'y fait. Furieux, les Saint-Saulgeois réintègrent leurs domiciles ; furieux aussi, le conseil municipal s'assemble et décide que la délégation repartira incontinent pour Nevers, afin d'adresser de justes reproches à l'artificier et de... réclamer l'argent.

Voilà nos hommes revenus chez Bourgier ; ils l'accablent de sottises, le traitant de voleur, de trompeur, et réclamant l'argent. Bourgier, qui leur en avait donné pour leur argent, les flanqua à la porte et se rendit au commissariat de police où il les retrouva. Là, devant le commissaire de police, qui se fit une *bosse de bon sang*, tout s'expliqua, quand nos Saint-Saulgeois avouèrent naïvement qu'ils avaient essayé la veille le feu d'artifice destiné à la fête du 15 Août.

Le Crucifix de la Justice de paix

Lorsque la belle mairie que l'on voit aujourd'hui à Saint-Saulge fut achevée, on s'aperçut qu'il manquait dans le prétoire un Christ devant lequel les témoins lèveraient la main. Le conseil municipal s'assembla donc pour traiter cette grave question. On voulait un crucifix d'une belle grandeur et digne de la ville de Saint-Saulge. A Paris seulement, on pourrait trouver ce qui convenait. On agita alors le *coup de la délégation*. Ce moyen, nous le recommandons chaudement aux conseillers municipaux désireux de s'offrir un petit voyage aux frais des contribuables et de s'arracher, pour quelques jours, aux joies du foyer conjugal. Le conseil décida donc que deux seulement de ses membres — pour ménager les deniers de la commune — se rendraient à Paris, chez un marchand de — bons Dieux — pour faire l'acquisition d'un crucifix.

Les délégués partirent. Arrivés dans la capitale, ils se firent conduire chez un statuaire en renom, à qui ils expliquèrent la mission qui leur était confiée.

« Désirez-vous une nature morte ? » leur dit le marchand.

Nos conseillers se regardent avec inquiétude, se demandant ce que cela pouvait bien signifier.

« Qui qu't'en dis ? murmura L... à l'oreille de P...

— Ma foi ! répond l'autre, prenons-la donc vivante, *j'aurons toujours ben le temps de la tuer en route.* »

Le statuaire leur fit, non sans peine, comprendre ce qu'il leur fallait, et c'est ainsi qu'ils rapportèrent à Saint-Saulge le magnifique crucifix que l'on peut admirer dans le prétoire de la justice de paix.

Un Homme influent

On se rappelle qu'avant 1885, époque où il se retira de la vie politique, M. Girerd, ancien préfet de la Nièvre, sous-secrétaire d'État au ministère de l'Agriculture, jouissait d'une grande influence. Au cours d'une période électorale, il avait appuyé la demande d'un brave homme de Saint-Saulge qui, depuis longtemps, [...] poste de garde c[...] faire [...]

La no[...] se faisant atte[...] notre futur garde champêtre lui [...] tel point, qu'un jour il vint à Nevers « Monsieur *Girrare* » et obtenir la no[...] tant désirée. Notre homme, parvenu rue du Commerce, s'adressa aux garçons de M. B..., boucher, pour avoir l'adresse de Monsieu Girrare, croyant prononcer Girerd.

« C'est là, tout près, rue des Merciers, en face du restaurant que vous voyez d'ici, dirent-ils. Vous apercevrez un magasin rempli de fromages, vous entrerez ; c'est là qu'il demeure. »

En effet, il pénétra dans la boutique et demanda, d'un air entendu, à une grosse et grande dame qui était là, s'il pouvait voir Monsieu Girrare.

« Non, répondit cette dame, qui n'était autre que la femme de M. Girard, marchand de fromages ; mais, est-ce que je ne peux pas vous servir ?

— V'là c'que c'est. Vot'mari i doit m'faire *noumer* garde champêtre ; ça n'arrive pas vite, et j'*étain* venu pour y rafraîchir la mémoire.

— Revenez d'ici deux heures, prononça Mme Girard, fort surprise ; mon mari sera là. »

Ce dernier rentra, et sa femme lui demanda des explications sur l'influence qu'il exerçait et le pouvoir à lui attribué de faire nommer des gardes champêtres. Ahuri et embarrassé, notre commerçant ne sut que dire.

Le bonhomme revint ; on s'expliqua. La grosse dame et son époux eurent mille peines à lui faire comprendre qu'ils ne pouvaient rien pour sa nomination.

L'affaire fut ébruitée par les garçons bouchers auprès de qui le candidat saint-saulgeois revint, tout penaud, raconter sa mésaventure. Les malins lui conseillèrent de rentrer à Saint-Saulge ; mais l'histoire se corsa et voici comment :

M. Girard et les garçons de M. B... se rendent aux foires de Saint-Saulge où les appelle leur commerce. Ils racontèrent l'aventure qui défraya toute la ville et les environs, de sorte que notre futur garde champêtre, ridiculisé, plaisanté, résolut de se venger.

Il attaqua, devant la justice de paix, ses détracteurs et leur intenta une action en dommages-intérêts. L'affaire fut appelée. On cita des témoins, parmi lesquels Madame Girard, les garçons bouchers. À l'audience, tout le monde, même le juge de paix, s'esclaffa de rire, et le plaignant fut débouté de sa plainte.

La Vache et le Pompier

On était au 4 décembre 187... Les sapeurs-pompiers de Saint-Saulge s'étaient réunis chez Touchevier, hôtel du Commerce, pour fêter dignement, dans des agapes fraternelles, sainte Barbe, leur patronne. C'était un pique-nique ; on mangea et on but pour son argent — c'est-à-dire autant que l'on put — jusqu'à une heure avancée de la nuit, après quoi chacun s'en fut se coucher.

Un de nos braves pompiers, qui s'était admi-

nistré un énorme plumet, parvint, en titubant et
tant bien que mal, aux alentours de son domicile.

Trompé par l'obscurité et, plus encore, par les
fumées de l'alcool, il entra dans une écurie voi-
sine et, n'en pouvant plus, alla s'abattre, casque
en tête et arme au bras, près d'une *vache sur le
point de faire veau*, et s'endormit d'un profond
sommeil, non sans avoir mis sur le *carreau* ce
qu'il avait de trop sur le *cœur*.

Dès l'aurore — on est matinal à Saint-Saulge
— un jeune gars pénétra dans l'écurie et, tout
bouleversé à la vue du spectacle insolite qui s'of-
frait à ses yeux, en sortit immédiatement.

« Eh m'man! cria-t-il en arrivant près d'une
vigoureuse luronne, vins donc vite, *v'là nout'vache qu'a fait un pompier!* »

Bientôt tout le pays fut sur pied et venait voir
la vache qui avait mis bas un... pompier.

Lundi 25 mai 1891

CANTON DE FOURS (1.639 habitants)

Séance à neuf heures et demie du matin

Il n'y a rien de remarquable à visiter dans ce
pays, qui est situé sur la lisière du Morvand dont
on aperçoit au loin les montagnes — puisque
l'on est convenu d'appeler ainsi les collines qui
émergent à une certaine altitude. — Il est exposé
à tous les vents, surtout au vent du Nord, se trouvant plus élevé que les bois qui l'entourent. On
arrive au bourg par une longue côte; au haut,
en tournant pour gagner la mairie, à droite, un
énorme bâtiment qui tombe en ruines. Il y avait
là une fabrique de porcelaine qui, depuis long-

temps, a été abandonnée par ses propriétaires.
Quand on a visité la mairie, l'église, qui ne sont
point intéressantes du tout, et parcouru la longue
place qui divise le pays en deux, on peut aller
reprendre le train ; c'est ce que l'on a de mieux
à faire.

Dans la commune de Fours, les terres ne sont
point morcelées. Une partie de la commune et
même des communes environnantes appartiennent au puissant seigneur de P..., dont on
aperçoit le magnifique château du sommet de
Fours et même de la gare. Ce monsieur, qui fait
de rares apparitions dans le pays, possède, m'a-
t-on dit, quatre-vingt-douze domaines, rien
qu'aux environs de Fours. Il a une quantité de
gardes galonnés et classés qui, sous la direction
de M. M..., régisseur, administrent et surveil-
lent les propriétés et même la commune.

Pendant quelques années, sous l'impulsion
honnête et franche de quelques républicains de
marque comme le regretté docteur Décertaines;
M. Vidot, juge de paix; M. Loriot, le sympathique
maire de Cercy-la-Tour ; M. Simon, adjoint,
les habitants de Fours semblèrent secouer le
joug sous lequel ils étaient courbés depuis longtemps, et se firent administrer par des hommes
libéraux, choisis parmi les plus capables. Mais
cela ne fut pas de longue durée. Ce brave docteur Décertaines, décédé, ainsique M. Simon, les
électeurs de Fours se hâtèrent de se remettre à
la discrétion des puissants du pays. Au conseil
général, on remplaça le docteur Décertaines par
le vicomte de P..., qui n'habite pas le pays; le
maire fut remplacé par le régisseur de M. de
P... et ainsi de suite. Il n'y eut même pas
jusqu'à M. Loriot, le maire de Cercy-la-Tour,
qui, se présentant au conseil général pour le canton de Fours, contre M. de P..., fut *lâché*

par un certain nombre de républicains. Les uns
l'abandonnèrent par peur de déplaire à leur seigneur, les autres eurent la *foire* et se cachèrent.

En résumé, puisque les gens de Fours préfèrent la soumission à l'indépendance, nous ne
voyons pas pourquoi nous, qui ne vivons pas
dans ce milieu, nous prendrions plus leurs intérêts *qu'eux-mêmes*. Laissons-les donc s'arranger
à leur guise et tirons-leur notre révérence, car
voici l'heure de prendre le train qui passe à
2 h. 38 du soir.

S'il vous arrive d'aller à Fours pour le conseil
de révision ou pour le tirage au sort, vous y ren-
contrerez deux figures sympathiques : MM. Vidot,
juge de paix, et Loriot, conseiller d'arrondissement du canton et maire de Cercy-la-Tour. Si
vous aimez une franche et cordiale gaieté, ne
craignez pas de vous attarder dans leur aimable
société : le temps vous semblera toujours trop
court.

———————

Mardi 26 mai 1891

CANTON DE LUZY (3,247 habitants)

Séance à dix heures du matin

Luzy — du celtique *luz* étang, et *sy* deux —
ne remonte pas au-delà du cinquième siècle. Son
nom apparaît pour la première fois dans la vie de
saint Germain, évêque de Paris, qui y passa
quinze années auprès d'un de ses parents. Sous
le régime féodal, Luzy devint une baronnie,
mouvant du comté de Nevers, à cause de la châ-
tellenie de Savigny-Poil-Fol. C'était alors une ville
close, entourée de tous côtés par la Haleine et dé-
fendue par des tours et par un château maintenant en ruines. Avant la Révolution, Luzy avait
deux paroisses : l'église Notre-Dame n'existe plus,

celle de Saint-Pierre est insignifiante. Il y avait aussi, hors des murs, une maladrerie, une commanderie à Tourny, et un covent de Bénédictins à Saint-André.

Quelques auteurs, voulant donner à Luzy une étymologie très joyeuse, l'ont tirée du latin *lusio*, jouer, et ont écrit que ce lieu était, durant la période celtique, un rendez-vous pour la jeunesse éduenne, qui s'y livrait au plaisir de la chasse, à tous les genres d'exercices et de plaisirs, etc. Luzy eût été, selon eux, l'Olympie des Eduens.

Descendons de la gare et suivons la fanfare de Luzy, ses sapeurs-pompiers, ses pupilles et le cortège se rendant à la mairie. La grande avenue qui conduit de la gare à la ville est bordée de jolies propriétés avec leurs parterres et leurs jardins. La ville n'est pas grande, mais on y voit une certaine animation. L'église est de style roman. Entrons à la mairie, grande et spacieuse ; les écoles y sont annexées, en attendant que l'on ait inauguré les superbes bâtiments que nous apercevons à un kilomètre à peine de la mairie. La salle, dans laquelle le conseil de revision opère, est tapissée magnifiquement. Les tapisseries anciennes qui sont là représentent l'histoire d'Assuérus, d'Esther et de Mardochée. Elles sont fort belles et proviennent des Gobelins.

***

Mercredi 27 mai 1891

CANTON DE DECIZE (5,101 habitants)

Séance à neuf heures du matin

Decize

A l'extrémité occidentale du Bazois, cette contrée si variée et si fertile, parmi les huit contrées de notre vieux Nivernais, s'élève, du sein de la

Loire, un vaste rocher, une île culminante et
pittoresque, une cité où chaque époque historique
a laissé son empreinte : — c'est Decize ; — c'est
la ville d'origine gauloise, dont le sol, maintenant
sillonné de routes et de canaux, doit, à ces bienfaits de la civilisation moderne, l'accroissement
de ses richesses naturelles.

La situation avantageuse de cette île, inacces-
sible aux invasions du fleuve, avait sans doute
déterminé les Gaulois à s'y établir. *Decetia* était
déjà une ville considérable du pays des Éduens,
lorsque César entreprit la conquête des Gaules.
On sait qu'entre tous les peuples de la Gaule celtique, les Éduens se distinguèrent par leur empressement à entrer dans l'alliance du vainqueur,
au lieu de résister à ses armes, et qu'en leur
donnant le titre d'alliés et de frères celui-ci feignit
de leur laisser leur indépendance et leurs lois.
Tandis qu'il s'efforçait de comprimer les autres
peuplades soulevées à la voix du patriote et vail-
lant Vercingétorix, il apprit que des déchire-
ments intérieurs menaçaient la cité éduenne,
Bibracte, qui fut plus tard *Augustodunum*, Autun. L'élection annuelle avait donné l'autorité à
deux vergobrets, au lieu d'un, et cette double
élection, divisant le Sénat et le peuple, était le
signal d'une lutte inévitable. Les principaux
d'entre les Éduens vinrent à Bourges solliciter
l'intervention de César. Abandonner ses alliés à
la guerre civile, c'était s'exposer à voir l'un des
partis se jeter dans la ligue gauloise. Aussi, l'habile proconsul, interrompant le cours de ses vic-
toires, s'empressa-t-il d'accourir à Bibracte et de
convoquer à *Decetia* le Sénat et tous ceux que
ce débat intéressait ; puis, présidant cette sorte
de congrès avec l'autorité d'un protecteur armé,
il confirma l'élection qui lui parut la plus légale,
exigea des Éduens, pour prix de sa médiation,

6,000 fantassins avec toute leur cavalerie, et partit pour aller mettre le siège devant Gergovie. Cet épisode des *Commentaires de Jules César* ne prouve-t-il pas l'importance et l'ancienneté de *Decetia?*

Le sommet de la ville était couronné, ainsi que l'attestent de vastes ruines, par un grand édifice, un temple, sans doute, comme les Romains avaient coutume d'en construire sur les lieux élevés.

Le Vieux Château

Dès les premières années de la féodalité, Decize avait son château-fort, construit au sommet du rocher qui couronne son île. Les comtes de Nevers y faisaient volontiers leur séjour. Bonne d'Artois, qui déjà avait marqué sa prédilection pour Decize en y fondant, en 1458, le couvent des religieuses de Sainte-Claire, y célébra son mariage avec Philippe le Bon, duc de Bourgogne. Vers le douzième siècle, des fossés avaient été creusés à l'entour de la ville, sur le terrain du comte; ses premières fortifications datent des Croisades.

La forte position de Decize la préserva de toute atteinte pendant la guerre de Cent ans, bien que ses alentours fussent infestés d'ennemis. Elle put même donner asile aux habitants de Tinte qui, *redoutant pour leur ville champestre* le sort du château de Druy, alors occupé par les Anglais, envoyèrent à Decize demander aide et protection. Secourus à temps, ils embarquèrent leur famille et ce qu'ils avaient de précieux ; mais, avant de s'éloigner, ils brûlèrent les habitations, afin que l'étranger ne pût pas s'y établir. Decize n'eut rien à souffrir non plus de la Praguerie.

Moins heureuse au seizième siècle, la ville fut

pillée par la bande de Maulevrier et les lansquenets du duc de Cliffort. Aussi, en 1525, refusa-t-
elle de recevoir dans ses murs les 3,000 Italiens
qui, sous la conduite du comte de Bellejoyeuse,
marchaient à la défense de la frontière du Nord.
Des négociations furent entamées par l'entremise
du seigneur de la Boue, et les habitants offrirent
des vivres aux soldats et un riche présent au capitaine. Mais tout fut rejeté. Il fallut songer à
repousser la force par la force. Après avoir incendié la porte et le faubourg de Crotte, les Italiens donnèrent l'assaut et pénétrèrent dans la
ville par le couvent des sœurs de Sainte-Claire.
Il y eut alors un épouvantable carnage. L'enceinte du château fut forcée, l'église Saint-Aré
dévastée et l'archiprêtre Sellier égorgé au pied
de l'autel. La plume n'ose retracer tous les raffi-
nements de cruauté et de débauche italiennes
qui, pendant deux jours, s'exercèrent, sans distinction d'âge ni de sexe, sur les malheureux
Decizois. Le couvent de Sainte-Claire, dans lequel s'était logé Bellejoyeuse, échappa seul à la
fureur des soldats.

Decize a donné naissance à un savant historien, en même temps qu'un jurisconsulte émérite, *Guy Coquille*, dont nous voyons la statue
près de la mairie. Né à Decize le 11 novembre
1523, il débuta, comme avocat, en 1550, aux
Grands-Jours de Moulins. Après avoir été député du Tiers-État du Nivernais en 1560, 1576,
1579, 1588, et échevin de la ville de Nevers en
1568, il mourut dans cette dernière ville à l'âge
de quatre-vingts ans, plein de jours et de mé-
rites.

Decize est aussi la patrie de l'abbé de Radon-
villiers, sous-précepteur des enfants du roi et
membre de l'Académie française ; du conven-
tionnel Saint-Just, ce terrible ami de Robes-

pierre, mort comme lui sur l'échafaud, un peu après le fameux procureur général de la Commune de Paris, Chaumette, fils d'un cordonnier de Nevers et presque son compatriote, qu'il avait fait envoyer devant le tribunal révolutionnaire.

De la gare, pour arriver à Decize, on traverse plusieurs cours d'eau. Voici d'abord l'Aron, qui va se jeter dans la Loire à environ 1,000 mètres du pont où nous sommes; le canal du Nivernais; le premier bras de la Loire, qui n'a que peu d'eau; le deuxième bras passe au-delà de Decize.

En arrivant, le coup d'œil est charmant : de l'eau, de la verdure, tout cela vous enchante. Nous visitons aussi la belle promenade dite des Halles; il y a là des platanes trois fois séculaires. L'église de Decize est un monument historique : le chœur est du onzième siècle; la crypte, très intéressante, remonte au moins au septième siècle et renferme le tombeau de saint Aré. Nous avons visité les ruines du vieux château qui domine la ville et les restes des remparts; il ne nous reste plus qu'à nous diriger du côté de la commune de Saint-Léger. Nous en profiterons pour jeter un coup d'œil sur la caserne, construite pour loger un bataillon d'infanterie, mais qui ne renferme plus, aujourd'hui, que deux compagnies commandées par un chef de bataillon.

Voyons la manufacture de bouteilles ou verreries de Saint-Léger-des-Vignes. On y fabrique deux millions de bouteilles par an. Elle fut célèbre au moyen âge.

Saint-Léger-des-Vignes possède des mines de plâtre bien exploitées.

Les houillères de la Machine sont situées à six kilomètres de là. Les mines sont exploitées par la compagnie du Creusot.

CANTON DE DORNES (2.088 habitants)

Jeudi 28 mai 1891

Séance à dix heures du matin.

De Decize à Dornes, on parcourt en voiture dix-sept kilomètres, en passant par Saint-Germain-Chassenay, qui se trouve à peu près à mi-chemin. Cette contrée est très boisée.

On arrive à Dornes : les maisons sont rangées et se font face, le fond est occupé par la mairie, et le centre par une promenade plantée d'arbres. C'est assez gai. Il n'y a d'intéressant à visiter que le château que l'on trouve en sortant de la mairie, à droite, sur la grande route, à environ 300 mètres. Il appartient actuellement à M. le vicomte de Soultrait, conseiller général de la Nièvre. Ce château, construit partie en pierres taillées, partie en briques, se présente ceint de ses fossés féodaux ; mais, malgré les tours du quinzième siècle dont ses angles sont encore armés, les restaurations qu'il a subies lui donnent un aspect étrange. On raconte que ce manoir, longtemps assiégé par les Anglais, leur a résisté avec succès. Sur la porte d'entrée est le millésime 1547, et on lit quelque part, sur un cartel, cette chevaleresque devise : *Votis potior*. Ce château et la seigneurie de Dornes ont appartenu aux Coligny, aux riches familles de Brabançois et de Crépy ; sous Louis XIII, au marquis de Montpéron ; après la Révolution, à la maréchale Lannes qui s'y est mariée.

CANTON DE SAINT - PIERRE - LE - MOUTIER
(3,107 habitants).

Vendredi 29 mai 1891

Séance à une heure et demie du soir.

Cette ville, qui doit son nom à un monastère fondé par une colonie de Bénédictins de Saint-Martin d'Autun, grâce à la munificence de Brunekilde, autrement reine Brunehaut, était devenue assez importante pour avoir une enceinte fortifiée. Le prieuré était sous le vocable de saint Pierre.

Au douzième siècle, la ville porte le nom de Moûtier, *Monasterium ;* mais, faible encore, elle ne peut résister aux ravages des brigands qui infestent la campagne, aux attaques et aux incessantes déprédations des seigneurs du voisinage. Pendant les guerres du quatorzième siècle, Louis, duc de Bourbon, rassembla 2,000 hommes à Saint-Pierre, pour reprendre sur les Anglais le château de Belleperche et délivrer sa mère qu'ils y tenaient prisonnière. Harcelés par les Anglais, qui s'étaient emparés du château de Villars, en 1421, les bourgeois de Saint-Pierre augmentèrent leurs fortifications, mais sans pouvoir se garantir. Ils subirent leur joug, et la ville devint, entre les mains des ennemis du Dauphin, l'une des formidables places d'armes du centre de la France. Nous ne raconterons pas les dévastations qu'ils commirent dans les alentours.

En 1429, Jeanne d'Arc, l'héroïne d'Orléans, en eut pitié et, après le sacre de Charles VII, elle vint tout exprès du Nord pour les faire cesser. Au premier assaut, les soldats, repoussés, s'enfuirent et la laissèrent presque seule exposée aux traits des assiégés. Son écuyer, d'Aulon, voulut l'emmener.

« Non ! dit-elle en ôtant son casque, j'ai 50,000 de mes gens avec moi, et d'ici ne veux partir que n'aie pris la ville. »

Ces 50,000 de ces gens, c'étaient sans doute les anges que, dans son enthousiasme, elle voyait accompagner les saintes dont elle entendait les voix.

Puis, s'adressant aux soldats :

« A moi ! cria-t-elle, enfants ! Apportez les claies et les fagots, qu'on fasse le pont ! »

A ces mots, les Français se rallient et retournent aux remparts ; en un moment, le fossé est comblé et la ville escaladée. Elle partit, laissant le commandement au sire de Chabannes et, tandis qu'elle allait se laisser prendre à Compiègne et brûler à Rouen, lui, continuant la guerre, envoya défier les échevins de Nevers et, de concert avec la garnison de Château-Chinon, ravagea tout le Nivernais. Peu après cette expédition, Saint-Pierre, avec Cusset et Sancoins qui en dépendaient, retomba au pouvoir des ennemis, et, pour cette raison, le bailli royal, Pierre Larragonnis, sollicita et obtint de la Chambre des Comptes de Nevers de tenir en cette ville les assises de son bailliage (1438) ; Nevers, depuis quatre ans, reconnaissait l'autorité de Charles VII.

Ville du parti catholique, Saint-Pierre se garda mal et fut surpris par les Allemands, durant les guerres de religion.

A la création des sièges présidiaux, en 1551, Saint-Pierre en eut un, et le prieur en fut le premier conseiller. Il siégeait à la droite du président, en soutane, en manteau long, en scapulaire et en bonnet carré. Malgré sa présence, la justice du présidial n'avait pas bonne renommée. Quand on voulait parler d'une justice mal administrée, on disait : *C'est comme à Saint-Pierre-le-*

Moûtier : aujourd'hui pendu, demain jugé. Le
supplice précipité d'un malheureux, dont l'inno-
cence fut ensuite reconnue, donna naissance à
ce proverbe et engagea le Parlement à faire enlever aux présidiaux le droit de dernier ressort
en matière capitale.

Deux maladreries avaient servi d'asile aux
pauvres : celle de Saint-Pantaléon, sur la route
de Moulins ; celle de Saint-Roch, sur la route de
Nevers.

En parcourant la ville, nous remarquons, près
de l'église, deux maisons de la Renaissance.
L'une a encore, à ses fenêtres, de gracieuses
moulures, et, à sa porte, des pyramides et une
ogive où se trouvait un écusson ; l'entrée de l'autre est surmontée d'une ornementation assez jolie, formée d'ogives entrelacées, style flamboyant.
Cette dernière maison a, au bas d'une tourelle
intérieure où tourne l'escalier, une porte en bois
toute chargée de sculptures qui représentent des
arabesques, divers sujets, et entre autres le *Songe
de Charlemagne.* Près du boulevard, planté de
marronniers, nous visitons, à peu de distance des
fossés, à moitié sous terre, une grande salle, dont
la voûte en ogive est soutenue par de larges piliers ; cette salle, qui sert de cave à un marchand
de vins, est appelée dans le pays *le Sabbat.* Ce
nom fait présumer qu'elle pourrait bien avoir été
construite par les Juifs qui faisaient presque tout
le commerce du moyen âge.

L'église priorale appartient à l'époque byzan-
tine. Les colonnes de la grande nef, destinées à
soutenir la voûte qui a été ou abattue ou n'a jamais été construite, s'élancent d'un seul jet et
sans interruption jusqu'au sommet. A remarquer,
la porte qui s'ouvre sur la cour du cloître.

Saint-Pierre est une jolie petite ville, animée,

commerçante et proprette, mais sans cours d'eau.
Il n'y a que des puits et des étangs.

Eaux minérales de Saint-Parize-le-Châtel

LÉGENDE

A quinze kilomètres de Saint-Pierre-le-Moûtier, on trouve les eaux minérales de Saint-Parize-le-Châtel. On les nomme les « Fonts-Bouillants » et sont la propriété de la commune.

Elles sont naturelles, gazeuses et ferrugineuses.
Elles appartiennent, comme celles de Pougues,
aux eaux bicarbonatées, caciques. Agréables,
douces et salutaires, elles sont très recherchées
comme eaux de table, surtout par les personnes
atteintes de dyspepsie. Comme boisson hygié-
nique, elles sont recommandées pour combattre
les fièvres intermittentes rebelles, la gravelle, la
goutte et, en général, les affections de l'estomac
et du foie.

Une légende qui a cours dans les campagnes
veut que les *Fonts-Bouillants* de Saint-Parize-
le-Châtel aient été d'abord à Cougny, près de
Langeron. Certain jour néfaste, un meurtrier y
vint laver le sang qui souillait son glaive; les
eaux, épouvantées, s'émurent, et le saint qui veil-
lait à leur conservation leur ordonna de quitter le
pays. Elles s'élevèrent aussitôt dans les airs, et
ni prières ni processions des habitants et du
clergé ne purent les faire revenir à leur bassin
primitif. Dans leur course, elles laissèrent tomber
quelques gouttes dans le bois des Vertus et dans
l'étang des Civières. En effet, on remarque des
ébullitions dans ces deux localités. Un pionnier
de Saint-Parize-le-Châtel, voyant les eaux passer
au-dessus de sa demeure, se mit à les charmer
et les fit descendre, assure-t-on, dans le bassin
qui les contient aujourd'hui.

CANTON DE NEVERS (25,006 habitants)

Samedi 30 mai 1891

Séance à neuf heures du matin

Nevers — *Noviodunum* — est la première ville du Nivernais ; c'est aussi l'une des plus anciennes. Son origine est antérieure à la naissance du Christ. Sise auprès de la Loire qui, autrefois, était navigable, elle mettait les Eduens en rapport avec Orléans et Coiron ; elle était, avec Charolles, Chalon-sur-Saône et Autun, l'une des quatre principales villes de la confédération.

Jules César est le plus vieil historien qui ait parlé de Nevers :

« Noviodunum, dit-il, est une ville des Eduens, heureusement située sur les rives de la Loire. César y avait déposé les otages des Gaules, son blé, le trésor public et tous ses bagages, avec les chevaux qu'il avait fait venir d'Italie et d'Espagne pour les besoins de la guerre. »

Au moyen âge, Nevers comptait une multitude de couvents hérissés de clochers, si bien qu'on la nomme la *Ville pointue*, et que le représentant Fouché en fit abattre trente et un en une semaine.

Nevers avait ses remparts, cinq portes et cinq quartiers. C'est au pied de la ville même que la Nièvre se jette dans la Loire ; ses eaux verdâtres ne se mêlent à celles du fleuve qu'au pont de pierre.

Si vous voulez, nous allons rapidement passer en revue les monuments de la ville.

Le Château ducal

Tout déchu qu'il est de sa vieille splendeur, le château ducal est un des plus beaux monuments de Nevers. Élevé par les Clèves dans le quinzième siècle, il porte, enlacées sur sa frise capricieusement composée, les deux branches noueuses qui accompagnent ordinairement les armes de cette maison. Les tours arrondies, qui s'élancent aux deux extrémités, l'encadrent on ne peut mieux. La façade est surmontée de lucarnes dont le piédestal et l'attique accusent l'époque de la Renaissance. C'est la nuit surtout et de profil qu'il faut voir le vieil édifice aujourd'hui mutilé et noirci ; sous les blanches clartés de la lune, il a je ne sais quoi d'étrange et de fantastique qui émeut ; peu à peu l'imagination le repeuple, le revêt de son auréole d'autrefois et croit y entendre bourdonner encore les fêtes de ses anciens maîtres.

Les dépendances du château étaient considérables : d'un côté, elles comprenaient le petit château de Gloriette, dont les restes donnent sur la rue des Ouches, le Théâtre, que nous avons devant nous, et l'École communale du Château.

Derrière ces édifices, est un mur presque ruiné : sa large épaisseur, son grand et régulier appareil attestent une construction importante ; quelques embrasures pour les armes de trait, son ancienne et féodale destination.

C'est là l'unique reste du vieux château abandonné par les Clèves. Avant que ses terrasses, dont on a fait un jardin, fussent abattues, elles étaient surmontées, vers la rue du Doyenné, de jolies tourelles, à pans coupés, des premières années du quatorzième siècle.

La tour octogonale centrale du grand escalier porte dans ses bas-reliefs la Légende de saint Hubert et celle du Chevalier du Cygne, par Jean Goujon et ses élèves.

Les bustes qui sont au milieu des deux squares, devant le château, sont ceux d'Adam Billaut, le *Virgile au rabot*, vil flatteur des grandeurs, et de

Claude Tillier, le pamphlétaire anti-clérical. Est-ce par ironie qu'on l'a placé là, faisant presque face à la cathédrale ?

Un matin de cette année, je traversais la place du Château, lorsque je vis un attroupement d'une cinquantaine de personnes. Je m'approchai pour en demander la cause ; on me montra alors le buste de Claude Tillier dont la tête était couverte d'un vieux tricorne de curé qui, sans nul doute, avait été placé là par quelque fumiste. La police ne tarda pas à intervenir et à faire disparaître le chapeau facétieux.

Le second étage du château renferme le musée « des faïences artistiques nivernaises », faïences du seizième siècle, remarquables par leur choix, leur bon état de conservation et leur nombre. Le Palais de Justice occupe tout le premier étage avec le parquet.

La Cathédrale Saint-Cyr

A droite, sur l'angle de la même place, s'élève la cathédrale. La fondation de la cathédrale remonte à une époque reculée et doit dater des premiers évêques. En 910, elle tomba de vétusté. L'évêque Atton la releva ; suivant les idées nouvelles, il la divisa en trois parties, comme les basiliques, et développa, à droite et à gauche du sanctuaire, les transepts. Les fenêtres ogivales, qui s'ouvrent au Nord et au Sud, ainsi que les voûtes, sont au moins postérieures de deux siècles. La tour, qui a 51m 50 de hauteur, fut commencée, en 1509, par l'évêque Bohier ; les indulgences promises par les papes aux travailleurs volontaires permirent de l'achever en 1528. Sa construction, contemporaine de Luther, semble protester contre la Réforme ; à voir les saints qui ornent les parois de l'Orient et du Sud, cha-

cun dans sa niche, mais tous armés du glaive ou
du bourdon, on dirait qu'ils veulent témoigner
de la vérité d'une religion pour laquelle ils ont
vécu. Montons à la tour. On arrive à son sommet
par trois cent soixante-cinq marches ; le passage
est étroit et souvent obscur. Elle a trois étages.
Du haut de la tour, un panorama splendide s'offre à nos regards, et nous ne saurions trop vous
recommander ce joli spectacle. Redescendons.
Nous voici de nouveau dans la cathédrale. Nous
n'en finirions pas, si nous voulions vous décrire
toutes les merveilles qui s'y trouvent. Elle possède deux absides : l'une romane, à l'Occident ;
l'autre gothique, à l'Orient. A l'intérieur, le
chœur est sensiblement incliné à droite. La nef
est d'un gothique sévère. Les sculptures sont
élégantes et les vitraux splendides.

La Légende de saint Cyr

La naïve légende de saint Cyr et de Charlemagne se retrouve partout. C'est d'elle qu'est
sortie, au-dessus d'une crypte, cette cathédrale.
La voici :

Sous le règne de Dioclétien, sainte Julitte,
du sang des rois d'Asie, fut arrêtée, comme chré-
tienne, à Tarse, avec son enfant âgé de trois ans ;
le gouverneur veut le prendre, mais il lui égra-
tigne le visage. Le gouverneur, furieux, le saisit
par les pieds et lui brise la tête contre les dalles.
La mère, sainte Julitte, est écorchée vive, puis,
les pieds trempés dans la poix bouillante, est dé-
capitée. Les deux cadavres, jetés à la voirie, sont
recueillis par deux servantes et enterrés dans un
champ. L'évêque d'Auxerre, saint Amateur,
avait rapporté d'Antioche le corps de sainte Julitte et de saint Cyr. Saint Jérôme, évêque de
Nevers, conseiller de Charlemagne, obtint un

bras de saint Cyr, et fit de l'enfant le patron de Nevers.

Or, un jour, ou plutôt une nuit, Charlemagne rêva de chasse. Seul, au milieu d'une épaisse forêt, il fut assailli par un sanglier furieux. Il se met en prières. Alors un enfant lui apparaît tout nu qui lui dit que, s'il voulait lui donner un voile pour se couvrir, il le délivrerait du mal et de la mort que cette bête furieuse allait lui donner. Charlemagne ayant promis de le lui donner, l'enfant prit le sanglier, monta dessus, le saisit par ses défenses et le conduisit à l'empereur qui le perça de son épée. L'évêque de Nevers, consulté par l'empereur pour lui expliquer ce songe, lui dit que l'enfant était saint Cyr, et le voile qu'il lui demandait, la réparation de l'église et la restitution de tous ses biens. Que ce songe soit vrai ou faux, voilà pourquoi saint Cyr est représenté sur un sanglier dans les armoiries du chapitre de Nevers et sur le bas-relief de la façade.

L'Hôtel de Ville

Le grand bâtiment qui fait face à la cathédrale est l'hôtel de ville. Au premier, la bibliothèque qui possède une belle collection d'ouvrages de nos meilleurs auteurs. Au rez-de-chaussée, les bureaux de la mairie, la salle des fêtes, celle des mariages, etc.

Ce bassin prétentieux et inutile, sans eau, qui fait face au château ducal, sur la place de la République, est orné de statues en pierre : celle qui est au sommet représente la Nièvre, celles d'en bas, ses affluents. Du fond de la place, par deux éclaircies provenant de la démolition de trois maisons, on a une magnifique vue sur la Loire et les pays voisins : Challuy, Sermoise, etc. Il reste à enlever deux maisons ; les prétentions

exorbitantes des propriétaires n'ont pas permis à
la ville de les acquérir pour les mettre à bas.
C'est vraiment dommage, car de la place, complètement dégagée, on jouirait d'un magnifique
panorama, et on pourrait gagner les quais par
des jardins en pente douce ou par un escalier
monumental.

La Maison d'Adam Billaut

Puisque nous sommes au bas de la place de la
République, prenons la rue Adam-Billaut et visitons la maison qui appartenait à ce poète-menui-
sier. C'est une petite maison basse, avec une
large baie d'un seul arceau et son unique fenêtre.
Une niche loge une madone, selon les mœurs
italiennes. Sa façade était ornée d'un cep de
vigne. Adam Billaut avait acheté cet humble pi-
gnon avec quelque argent provenant des libéra-
lités du cardinal de Mazarin qu'il avait beaucoup flatté dans des lettres et des vers : *les Ma-
zarinades*. Le cardinal lui donna, en outre, une
pension de cent écus — qu'il se garda bien de lui
payer — et un vêtement neuf. La charmante et
bonne Marie de Gonzague lui témoignait une
grande affection : elle l'emmena à Paris, lui gar-
nissait sa bourse de temps à autre et lui donna
de quoi acheter une petite vigne et une loge aux
Montapins. Adam Billaut s'y rendait très-souvent
et y couchait même au moment des vendanges.
C'est là qu'il composa sa fameuse chanson :

Aussitôt que la lumière
Vient dorer nos coteaux,
Je commence ma carrière
Par visiter mes tonneaux.
Ravi de revoir l'aurore,
Le verre en main, je lui dis :
Vois-tu sur la rive maure
Plus qu'à mon nez de rubis ?

> Le plus grand roi de la terre,
> Quand je suis dans un repas,
> S'il me déclarait la guerre,
> Ne m'épouvanterait pas.
> A table, rien ne m'étonne,
> Et je pense, quand je bois,
> Si là-haut Jupiter tonne,
> Que c'est qu'il a peur de moi.

Surnommé le *Virgile au rabot*, il a laissé trois recueils de vers : *les Chevilles, le Vilebrequin, le Rabot*. Génie inculte, mais original, plein de verve et de gaieté, il était reçu au château ducal où il amusait les *seigneurs et surtout ces dames*. On assure qu'il fut amoureux de Marie de Gonzague, sans succès, bien entendu. Quelque part, il dit : « J'ai bien souffert, en faisant beaucoup rire. »

Sa vie un peu désordonnée, sa santé et ses affaires allant mal, séparé de sa femme, dégoûté des éloges des grands et de leurs pensions platoniques, Maître Adam reprit la scie et le rabot. Né en 1602, il mourut en 1662, à l'âge de soixante ans, et fut enterré dans la cathédrale Saint-Cyr. Il mourut, rimant et rabottant, dans la médiocrité et l'oubli de ses nobles amis.

Sur la maison du poète, on distingue une plaque en marbre noir avec cette inscription :

ICI NAQUIT EN 1602
Maitre Adam BILLAUT
DÉCÉDÉ EN 1662

L'Evêché

C'est ce vaste bâtiment situé à l'est de la cathédrale ; on y remarque un beau siège du seizième siècle, richement ornementé, et une magnifique grille provenant de l'une des principales chapelles de la cathédrale. L'évêché a toujours été où il est encore aujourd'hui ; il ne reste rien des diverses constructions élevées avant le seizième siècle.

Le Parc

Le Parc, dont les étrangers et les habitants de Nevers savent apprécier les frais ombrages, existait déjà au dix-septième siècle ; à cette époque, il enfermait pour le jeu du mail, alors en vogue, un espace vide qu'on nommait Pallemaille. La *Porte-Neuve*, construite en 1482, s'ouvrait sur le Parc et le faubourg de la Chaussée.

Au dix-huitième siècle, le Parc n'était qu'un grand carré long, serré par les vignes. La belle Mme de Prunevaux s'y promenait souvent avec le duc Julien Mancini. Elle lui demanda d'ajouter ces vignes au Parc pour l'agrandir. Mancini obtempéra volontiers à ce désir, et le Parc fut agrandi ; c'est le terrain qui part de la grande allée jusqu'à la rue de la Poudrière, d'où l'on a une perspective magnifique. Admirons ces arbres séculaires de toutes essences : des frênes, des tilleuls, des platanes, des ormes ; les ormes, surtout ceux du bas, sont très vieux : il y en a plusieurs qui compteraient trois siècles d'existence et qui ont été témoins de beaucoup de choses..... Que de conversations sentimentales tenues sous leurs rameaux ! que de baisers échangés à l'ombre de leurs feuillages touffus !

C'est sous l'un de ces magnifiques ormes, que la duchesse de Clèves, à la suite d'un songe, fit enfouir un coffre en fer contenant des bijoux, de l'or et un parchemin décrivant le récit détaillé de son rêve. C'est sans doute ce que l'on veut expliquer, lorsqu'on raconte que sous l'un des gros ormes on a caché un trésor.

Eglise Saint-Père ou Saint-Pierre

En 1612, le duc Charles de Gonzague posa la première pierre des fondations de la gracieuse et jolie rotonde qui sert aujourd'hui de paroisse ; le nom de l'architecte est inconnu ; mais, au dedans comme au dehors, on reconnaît la symétrique élégance du style jésuitique.

Les fresques des voûtes ont été achevées en 1681 ; elles sont des peintres Batiste et Ghérardin. Ce dernier avait presque terminé son œuvre, lorsqu'il recula imprudemment de quelques pas pour juger de l'effet ; les planches de l'échafaud manquèrent sous ses pieds : il se brisa sur le pavé.

Cette église était autrefois la chapelle du Collège des Jésuites qui, sous leur direction, atteignit à une haute prospérité, et des hommes fort distingués y professèrent. De ce nombre est l'auteur du *Méchant* et de *Vert-Vert*, Gresset, qui y fut régent de rhétorique.

LES VISITANDINES DE LA RUE SAINT-MARTIN

Vert-Vert

Dans la rue Saint-Martin, voici l'ancienne chapelle du couvent de la Visitation. La façade est italienne, à sculptures contorsionnées, à moulures tourmentées ; elle date du dix-septième siècle, en style de la plus pure Renaissance. C'est là que fut élevé Vert-Vert, le fameux perroquet dont Gresset, à vingt-quatre ans, régent de rhétorique chez les Jésuites de Nevers, raconta les aventures dans un poème spirituel et délicat. Ce badinage fit tant de bruit que Gresset, rappelé, quitta la soutane et s'enfuit à Paris, où il se maria et devint académicien.

A Nevers donc, chez les Visitandines, vivait adoré, choyé, le perroquet *Vert-Vert* :

> Il reposait sur la boîte aux agnus ;
> A son réveil, de la fraîche nonnette,
> Libre témoin, il voyait la toilette.

Dans cette fréquentation, il apprit à caqueter dévotement. Sa réputation devint universelle ; tous les couvents féminins en raffolaient. Les Visitandines de Nantes n'y tinrent plus et réclamèrent la visite du prodige. On hésita, puis on finit par céder. On l'embarqua donc sur un bateau, en compagnie de trois dragons et de trois nymphes. Les mariniers lui en apprirent de belles, ainsi que les dragons, si bien que, débarqué, le voilà sacrant et jurant comme tous les compagnons qu'il venait de quitter. Épouvante des nonnes qui se bouchent les oreilles pour ne plus l'entendre. On tient conseil et on le réexpédie au plus vite à Nevers. Les bonnes sœurs de Nevers ne peuvent en croire leurs oreilles, c'est pourtant bien lui, leur Vert-Vert chéri. Jugé par le grand conseil de l'ordre, condamné au jeûne, à la solitude, au silence, il revint à résipiscence et, pardonné, meurt d'indigestion,

> Bourré de sucre et brûlé de liqueurs.

Le plus joli est que la mère supérieure des Visitandines ne put obtenir de Gresset l'audition du poème que dans un tête-à-tête ; mais, arrivé à ce passage :

> Enfin, avant de paraître au parloir,
> On doit au moins deux coups d'œil au miroir,

un bruyant et tumultueux éclat de rire interrompit le poète. Le couvent tout entier était caché derrière une tenture.

Bertin, alors secrétaire d'État, fit exécuter à Sèvres quatorze tasses à café représentant les épisodes de *Vert-Vert*, et les offrit à Gresset.

Vert-Vert fut soigneusement empaillé ; nous avons eu l'occasion de le considérer, il y a quelques années, chez Mme Manuel, boulevard Victor-

Hugo, à Nevers. Il a été acquis, à la suite de la vente du mobilier de cette dame décédée, par un de nos amis, M. S..., chez qui on peut le voir.

En 185..., le couvent des Visitandines a été transféré de la rue Saint-Martin à la route de Paris, dans un vaste établissement construit par les soins de M. Dufètre, alors évêque de Nevers.

Église Saint-Etienne

Monument historique du onzième siècle, cette église, récemment restaurée et presque reconstruite, est l'un des beaux spécimens du style romano-byzantin, au point de vue de l'unité due à la rapidité de sa construction. Elle fut bâtie par Guillaume I⁰ʳ, comte de Nevers, qui, pour suffire aux dépenses de tant de belles œuvres, renonça à se rendre aux Croisades.

Elle est divisée en trois nefs de longueur inégale et un transept ; le tout d'un aspect imposant. On y rencontre mille détails d'architecture et d'ornementation — à l'intérieur et à l'extérieur — que nous recommandons à la science et aux lorgnettes des touristes.

Tour de l'Horloge

Dans l'ancienne rue de la Revenderie, à l'extrémité méridionale de la rue actuelle du Commerce, s'élève un vieil édifice, auquel on montait naguère encore par une double rampe : c'est l'ancien palais de justice, le lieu où siégeait le bailliage. La construction en est due au comte Philippe de Bourgogne, qui destina la partie supérieure à l'administration de la justice, et aux halles la partie inférieure.

La disposition de la partie de l'édifice destinée à

la justice se voit encore telle qu'elle était jadis :
d'abord la salle des Pas-Perdus, que soutiennent
de grands piliers de bois; à droite, la loge du
concierge; à gauche, le greffe; dans le fond, on
a fait des appartements dans la salle où siégeaient
le bailli, le lieutenant-général et les juges.

Cette tour ne contient aujourd'hui qu'une hor-
loge.

Porte de Paris

L'arc de triomphe de la porte de Paris a été
élevé en 1746, à la gloire du vainqueur de Fontenoy pour célébrer la victoire gagnée sur les
Anglais. Une inscription en vers médiocres de
Voltaire décore les parois intérieures; ils sont
presque enlevés et effacés par le temps. Chacun
de ces vers fastidieux et prétentieux fut payé, dit-
on, 100 francs à Monsieur de Voltaire, historiographe du roy.

Sur le fronton intérieur, on lit :

A ce grand monument qu'éleva l'abondance,
Reconnaissez Nevers et jugez de la France.

Sous l'arc de triomphe, on lit d'un côté:

Dans ces temps fortunés de gloire et de puissance,
Où Louis répandant les bienfaits et l'effroy,
Triompha des Anglois aux champs de Fontenoy
Et faisoit avec lui triompher la clémence,
Tandis que tous les arts aimés et soutenus
Embellissoient l'État que sa main sceut défendre,
Tandis qu'il renversoit les portes de la Flandre,
Pour fermer à jamais les portes de Janus,
Les peuples de Nevers, en ces jours de victoire,
Ont voulu signaler leur bonheur et sa gloire.
Etalés à jamais, augustes monuments,
Le zèle et la vertu de ceux qui vous fondèrent,
Instruisés l'avenir, soyés vainqueurs du temps,
Ainsi que le grand nom dont leurs mains vous ornèrent.

Par Monsieur de Voltaire, historiographe du roy.

Est-ce assez tapé, hein? Rascur, va! Saluez et
passons.

Eglise des Minimes

Les Minimes, qui ont élevé ce riche portail, furent établis, en 1607, au faubourg de la Chaussée. Les bâtiments servirent autrefois de dépôt de fourrages ; aujourd'hui, ils sont occupés par un musée.

Eglise Saint-Genest

Dans la rue Saint-Genest, qui descend sur les bords de la Loire, sont les restes d'une abbaye riche et puissante. Fondée, en 624, par Théodulphe Bobolène, abbé de Saint-Maur-les-Fossés, elle fut d'abord occupée par des femmes soumises à la constitution de saint Colomban. Ravagée au septième siècle, elle vit ses habitantes dispersées. Elles furent remplacées par des Bénédictines.

C'est, dit-on, sur un terrain appartenant anciennement à l'abbaye, que saint Révérien a subi le martyre. Dans l'ancien jardin d'essai de la Société d'horticulture, aujourd'hui propriété de Mme veuve Montcharmont, on a retrouvé une statue représentant saint Révérien. Dans le même enclos, coule la fontaine Saint-Révérien ; ses eaux avaient, dit-on, la propriété de guérir les ophtalmies.

Eglise Saint-Sauveur

Cette église, en face la place Mossé, n'est plus représentée que par une arcade en pur style roman et huit colonnes ornées de leurs chapiteaux ; ces restes méritent d'être remarqués.

Tour Goguin

Au douzième siècle, Nevers se protégea par

des murailles flanquées de tours rondes, dont une, la tour Goguin, sur les bords de la Loire, près la fontaine Saint-Révérien, défendues de fossés et bouclées par sept portes. La tour Goguin a conservé son faîte en poivrière, des murs très épais et des étages voûtés. Elle est habitée aujourd'hui par une quantité de ménages d'ouvriers.

Tour des Pâtureaux ou de Saint-Eloi

La tour des Pâtureaux ou de Saint-Eloi date de 1421. Elle est située sur les bords de la Nièvre, dans un terrain qui appartient à M. Lalement, dentiste, rue du Rivage. Elle est demi-circulaire et couronnée de mâchicoulis.

Hôtel de la Monnaie

Les comtes de Nevers eurent autrefois un hôtel où l'on frappait les monnaies. Il est situé rue des Récollets et est occupé actuellement par un tailleur, nommé Dard.

Porte du Croux

Ce monument historique, qui date du quatorzième siècle, est la dernière porte des anciennes fortifications qui entouraient la ville d'une triple muraille, déroulée en anneaux brisés. Ses quatre tourelles d'angle sont reliées par une galerie de mâchicoulis tréflés. Dans le bas, un passage voûté, avec écussons aux armes des Gonzague et de la ville de Nevers. Jadis on rabattait un pont-levis sur les fossés inondés par le Croux. Cette porte à trois étages renferme un musée lapidaire en mauvais état d'entretien.

FAÏENCERIES ARTISTIQUES

En face le musée est située la manufacture de faïence artistique de M. Montagnon; un peu plus loin, au bout de la rue de la Verrerie, on peut aussi visiter celle de MM. Trousseau et Cie. Entrons-y, nous y serons bien reçus et nous pourrons admirer à loisir ces produits si recherchés.

On sait que dans les premières années du quatorzième siècle, en 1318, la ville de Nevers ouvrit dans son sein un asile à la science; ses émaux et ses verreries n'étaient pas moins célèbres que ceux de Limoges. Plusieurs verreries y existèrent, et plus d'un auteur du temps parle des vases à pied en verre de Nivernais.

Henri IV, en 1594, confirma par lettres-patentes les priviléges des verriers de Lyon et de Nevers. Enfin, un peu avant cette dernière année, un Italien, qui avait suivi Ludovic de Gonzague, découvrit, dans les environs de Nevers (aux Terres-Blanches), une terre propre à faire de la faïence; un essai timidement tenté réussit, et nos princes s'empressèrent de favoriser cette nouvelle industrie.

En 1743, Nevers avait déjà onze faïenceries. Les amateurs de curiosités recherchent pour leurs cabinets la capricieuse élégance des premiers produits de nos manufactures.

Les intelligents propriétaires des faïenceries artistiques dont nous avons parlé plus haut ont fait tous leurs efforts pour faire revivre l'art ancien. Ils y sont parvenus et leurs produits sont très appréciés.

Service Zola

On raconte une aventure assez piquante dont l'un de nos céramistes fut naguère le héros. La voici dans sa brutale saveur :

Comme vous le savez, beaucoup de touristes et de baigneurs traversent Nevers et viennent y faire des excursions. Ils ne manquent jamais de visiter les bords de la Loire, la tour Goguin et la porte du Croux, et profitent de l'occasion pour venir admirer les produits des faïenceries artistiques qui se trouvent dans les environs, et en rapporter quelque souvenir.

Or donc, un de ces jours derniers, M. X... — pour ne pas le nommer — reçut la visite d'un étranger, accompagné de sa dame ; ils achetèrent quelques bibelots à emporter. Notre industriel, remarquant qu'il a affaire à de fins connaisseurs, leur exhibe ses plus belles faïences et, entre autres, un magnifique service à thé.

« C'est, dit-il, notre dernière création. »

Les deux étrangers admirent longuement les diverses pièces qui composent le service. La théière, le crémier, le sucrier, représentent et ont toute la forme d'un vase... nocturne ; les tasses également. Tout cela parfaitement fait et artistement peint. De tous les côtés, des *petits cochons* enrubannés et enguirlandés de fleurs aux mille couleurs,

« N'est-ce pas, dit notre manufacturier jouissant de l'effet produit, que ce service est bien réaliste et fin-de-siècle ? Aussi, l'avons-nous baptisé le *Service Zola !* Est-ce assez bien trouvé ? Un homme qui par ses écrits..... un homme que..... »

L'admiration de nos étrangers est à son comble et se traduit par maints éloges auxquels répond fort aimablement l'éminent céramiste, enchanté d'avoir des admirateurs aussi distingués. Au bout d'un moment, ils prennent congé, en remerciant vivement M. X... du plaisir qu'il leur a procuré. C'est alors que ce dernier, leur tendant sa carte

commerciale, les prie de l'accepter, leur assurant
que s'ils voulaient bien lui accorder la faveur de
leurs ordres, ils en seraient pleinement satis-
faits.

« Mais, avec plaisir, dit l'étranger, et, à mon
tour, permettez-moi de vous offrir ma carte. » Il
la donna et ils sortirent.

Notre homme jeta les yeux sur la carte de visite
de l'étranger et lut, non sans une profonde stu-
péfaction :

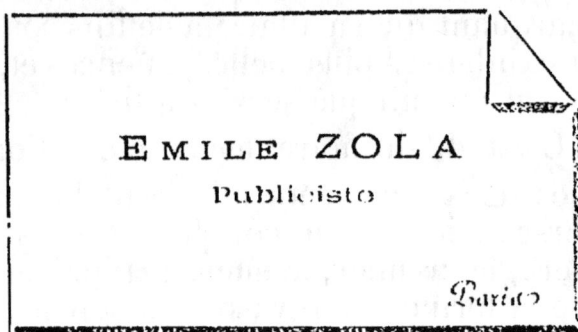

EMILE ZOLA
Publiciste

Paris

Du pont de Loire, jeté sur *quinze* arches en
pierre, contemplons le panorama de la ville qui
s'étage devant nous, s'étale en gradins, lance
dans les airs ses pignons pointus, les flèches de
son château et de ses églises, découpe les toits
arrondis de ses tours. Par une belle soirée d'été,
quand le ciel pur nous laisse jouir de son immensité bleue, l'aspect de ces monuments, de la tour
de la cathédrale estompant ses modelures dans
la clarté de l'azur, de ces palais, de ces églises
s'harmonisant en groupes distincts, est digne de
tenter le pinceau d'un maître et de frapper le
souvenir du visiteur.

Tout est à parcourir, à voir, à visiter : les rues,
ruelles ; tout y est imprévu, d'heureux effet, de
marque classique. Le moyen âge y a écrit partout ses fastes et son histoire, et l'œil de l'ama-

teur peut reconstruire les vieux remparts, les vieilles rues et les monuments disparus.

LA PRÉFECTURE

Le Préfet de la Nièvre et Madame Léon Bruman prient M
de leur faire l'honneur de venir dîner à la Préfecture, le samedi 30 mai, à 7 heures.

R. S. V. P.

Allons nous mettre en tenue pour nous rendre à la Préfecture, où un dîner de quarante couverts est offert aux membres du conseil de revision des deux subdivisions et aux principaux chefs de service du département.

Située sur un plateau élevé, derrière l'élégant square Jean-Desvaux, la Préfecture occupe une magnifique position. Plusieurs voies viennent aboutir à elle : l'avenue Marceau, la rue du Rempart, la rue de Paris et la rue des Ardilliers qui continue cette dernière. Une belle grille lui sert de clôture en avant. Devant les bâtiments, un jardin émaillé de fleurs variées et une pelouse toujours verte. Derrière les bâtiments, un beau parc, aux arbres séculaires, des pelouses, des bassins, des fleurs partout. C'est une résidence fort enviable et que bien peu de villes sont à même d'offrir au représentant de l'Etat.

Que de préfets ont passé là ! Vingt-trois depuis 1870 ! La Nièvre est une ogresse qui en fait une énorme consommation.

Un Préfet bienvenu

Nous ne voulons pas passer pour un vil flatteur, mais, avant tout, nous avons le désir d'être sincère et, dussions-nous offenser la modestie de M. Bruman, il faut bien que nous écrivions la vérité. D'ailleurs, la conviction que nous avons — qu'il ne lira ce passage de nos bons souvenirs administratifs que lorsqu'il aura quitté la Nièvre, — s'il le lit jamais — nous met fort à notre aise.

Cela dit, nous rappellerons dans quel état de divisions et de dissensions intestines se trouvait la Nièvre, lorsque M. Bruman en fut nommé administrateur. La situation était fort embarrassante et tout le monde pensait que le nouveau préfet ne ferait pas mieux que les autres. On avait compté sans les qualités naturelles et sans la sagacité dont il fit preuve dès son arrivée. Les résultats qu'il obtint lui attirèrent bien vite l'estime et la sympathie de ses administrés, et força l'admiration de ses adversaires politiques — j'entends ceux qui ne sont pas intransigeants de parti pris et qui raisonnent. — Donc, il réussit là où les autres avaient échoué. Quel en est le secret ?

Doué d'une grande amabilité, d'une patience étonnante, d'une finesse vraiment *normande*, M. Bruman, à l'encontre d'un de ses prédécesseurs — qui avait complètement brouillé les cartes — n'administre pas son département avec ses nerfs et, tout en prenant conseil de son entourage, n'adopte ses conseils qu'après en avoir pesé la valeur. Nous avons connu un préfet *à poigne* qui, voulant montrer au public que c'était bien lui qui était le maître, sabrait à tort et à travers, et ne *décolérait* pas — pour employer sa propre expression, — si bien que certains messieurs qui mettaient l'administration préfectorale au service de leurs rancunes personnelles, en profitaient pour entretenir le feu et satisfaire leurs petites vengeances. On sait à quel résultat on arriva : on récolta ce que l'on avait semé et tout le monde fut mécontent.

Revenons à notre préfet. Nous avons dit que chez lui ce n'est pas la bile ni les nerfs qui administrent et jugent les hommes et les choses, mais bien la raison et le cœur. Le résultat se ressent forcément de ces deux facteurs bienfaisants, car, si M. Bruman a un jugement droit et juste, il a aussi un cœur d'or. Il fait bien ses efforts pour cacher tout cela sous une légère pointe de scepticisme, surtout lorsqu'il commet... une bonne action ; mais nous ne sommes pas dupe et nous savons parfaitement à quoi nous en tenir.

D'une humeur toujours égale, il est accessible à tous. On est surpris de la patience dont il fait preuve en écoutant les doléances, les récriminations des uns et des autres. Lorsque les règlements administratifs sont inflexibles et ne permettent pas de soulager sur-le-champ une infortune, M. Bruman ne se déconcerte pas pour si peu, car, derrière le préfet, il y a l'homme privé qui ne craint pas de puiser dans sa bourse particulière pour soulager bien des misères. Il est merveilleusement secondé dans sa tâche par une épouse charmante au possible, très distinguée de sa personne et d'une simplicité de fort bon goût, et, tous les deux, sans en avoir l'air, font le bien comme si c'était la chose la plus naturelle du monde.

Vous comprenez si le personnel et les fonctionnaires marchent, avec un tel préfet. C'est à qui fera du zèle et redoublera d'efforts, redoutant même la pensée de ne pas lui être agréable. Aussi souhaitons que la République trouve, pour la faire aimer, beaucoup de préfets comme M. Léon

Bruman. Elle n'aurait plus d'ennemis, tout au plus quelques adversaires dont elle aurait facilement raison.

Maintenant que nous avons fait connaissance avec nos amphitryons, pénétrons dans leur demeure.

Un Dîner à la Préfecture

Nous montons le grand escalier d'honneur ; partout des fleurs. Allons saluer Mme Bruman et M. le Préfet.

L'accueil qui est fait à tous les invités est vraiment enchanteur. La préfète est fort jolie sous cette magnifique toilette de faille bleu d'azur qui lui sied si bien. M. le Préfet est toujours l'homme que l'on connaît, avec ce *je ne sais quoi* qui vous empoigne et vous dispose en sa faveur. Chez eux, vous vous sentez à votre aise, tellement leur manière de faire est captivante et à la fois simple et charmante. Nous retrouvons là tous les membres du conseil de revision, les sous-préfets et les officiers de gendarmerie, les assistants du conseil et les hauts fonctionnaires du département.

On annonce : « Madame est servie. » Le général Livet offre le bras à Mme la Préfète, et nous gagnons la salle à manger.

La table est servie somptueusement ; les fleurs sont mêlées aux desserts.

Tout cela produit un coup d'œil très satisfaisant. Nous nous installons. Tous ces uniformes bleus, rouges, noirs, brodés, galonnés, représentent une superbe mosaïque qui charme les yeux.

Voici le menu :

Potage bisque.

———

Saumon sauce hollandaise.
Filets de bœuf portugaise.
Poulets Toulouse.
Timbale milanaise.

———

Punch à la romaine.

———

Faisans truffés.

———

Haricots verts.

———

Langoustes à la russe.
Pâté de Strasbourg.

———

Étudiantina.

———

Bombe glacée.

———

Dessert.

———

Toutes ces bonnes choses disparaissent au milieu des conversations animées et joyeuses. A moitié du dîner, voilà le *Moët et Chandon* qui fait son apparition et coule sans discontinuer, voici du lacryma-christi, du corton, du pomard, du saint-julien, du nuits, du chambertin ; les vieux vins des crûs les plus renommés se disputent l'entrée de nos verres. Tout est vraiment exquis et délicieux, et je deviendrai bavard s'il me fallait narrer tous les détails de cette fête pantagruélique.

On monte aux salons pour prendre le café e
les liqueurs, fort gracieusement offerts par Mes-
dames Bruman, de Montcyer, Dumoulin et Le-
segrétain.

On cause, on joue, la soirée se prolonge for
avant dans la nuit ; cependant comme tout a une
fin, même les meilleures soirées, il faut songer à
se retirer. Nous allons saluer nos aimables hôtes
et nous partons, enchantés de la magnifique ré-
ception à laquelle nous avons eu la bonne fortune
d'assister.

CANTON DE CHATILLON (1,975 habitants).

Lundi 1er Juin 1891

Séance à une heure du soir

Pour se rendre de Nevers directement à Châtillon en Bazois, on a deux moyens :

Le premier consiste à faire la route en voiture, il y a quarante kilomètres à parcourir. S
le temps est beau, c'est une délicieuse promenade à faire, car la route est accidentée et for
belle. Si vous adoptez ce moyen, n'oubliez pas
de vous arrêter un instant après Saint-Benin-
d'Azy, pour visiter le délicieux pavillon de
M. Chenest de Montaudin, qui sert de rendez-vous
de chasse. Il est au bord de la route ; vous visiterez
l'intérieur qui est un véritable musée.

Le deuxième consiste à prendre le train de
7 heures 21 du matin. On arrive à Tamnay-
Châtillon à 9 heures 44 ; de là, une voiture vou
conduit à Châtillon, à cinq kilomètres de la gare
Il y a deux ans, nous avons fait tout le trajet e

voiture, tandis que cette année nous nous sommes
servi du chemin de fer.

Châtillon, au centre du Bazois, présente un
sol propice à toutes les cultures des pays tempé-
rés et surtout à l'élevage du bétail; c'est de la
bonté de ses pâturages que le pays a reçu son
nom : Bazois, *bas* et *oies*, vallées et pâturages.

Les nombreux cours d'eau qui le baignent se
réunissent presque tous à l'Aron, et par l'Aron à
la Loire. Cette disposition du terrain semblait
devoir exclure à jamais le Bazois des avantages
procurés par de précieuses découvertes aux propriétaires des chênaies des vaux d'Yonne et du
Morvand : nous voulons parler du flottage à
bûches perdues. Mais, que ne peut l'art soutenu
par d'opiniâtres efforts?

En 1648, François de Damas fit creuser, aux
sources de l'Aron, un canal qui déverse les eaux
à volonté dans l'Yonne ou dans la Loire; c'est la
Vaux-Creuse. La *Vaux-Creuse* est une sorte de
précipice, situé sur la commune de Vitry-Laché,
anciennement Laché-Assarts, dont le fond est un
ruisseau qui sert au flottage; elle a environ
trente-trois mètres de profondeur sur un kilomètre de long. En montant, on arrive bientôt
aux sources de l'Aron, dont les eaux sont con-
centrées dans des bassins étagés de telle manière
qu'elles peuvent se déverser à volonté dans
l'Yonne ou dans la Loire, suivant les besoins du
flottage.

Ce travail donna l'idée de mettre en communication la Loire et l'Yonne, par un canal navigable depuis Cercy-la-Tour jusqu'à la Collancelle; à ce point, la montagne devait s'ouvrir à
une rigole souterraine destinée seulement au
flottage (1723). Le passage souterrain, solennel-
lement inauguré le 15 mars 1841, a dignement
complété le canal du Nivernais.

Le Canal du Nivernais

Le canal du Nivernais qui, ainsi que l'Aron, traverse la ville de Châtillon, compte, de Decize à Auxerre, 176,000 mètres (44 lieues de long); l'élévation jusqu'à la Collancelle est de 74 m. 31, et les bateaux y montent par trente-deux écluses. Les souterrains qui passent sous les versants de la Loire et de la Seine sont au nombre de trois : le grand souterrain qui a 760 mètres de long, les deux galeries de Mouas et des Breuilles, faisant ensemble une longueur de 500 mètres.

Châtillon et ses seigneurs

Malgré la physionomie latine de son nom et les médailles qui ont été trouvées dans les environs, on doute que Châtillon soit d'origine latine. Sous le régime féodal, ce lieu mouvait de Saint-Saulge. C'est la seigneurie de Nivernois qui avait, dit Coquille, *le plus grand nombre de fiefs et de plus grande marque et valeur.* Son possesseur prenait le titre de *sire* et se prétendait le plus noble du pays.

Les principaux seigneurs de Châtillon sont : Eudes ou Odon (1210); Robert qui, en 1270, tient en fief, de l'évêque d'Autun, Glane et Château-Chinon ; Jean de Frolys (1285); en 1469, Antoine de Rochefort, seigneur de Châtillon, prend parti contre Louis XI, en faveur des Bourguignons, et voit son fief confisqué et donné à Philibert Boutillat, trésorier de France et bailli du Nivernois. Celui-ci en prit possession aussitôt, mais un compromis qui survint réintégra les anciens seigneurs et, par eux, la terre arriva, durant le seizième siècle, à la maison *Pontallier de Talmy*, qui descend des anciens comtes de Champagne. En 1618, Pierre de Saint-Chamans, baron du

Pescher, est seigneur du lieu; plus tard, la terre passe aux Béthune, qui la vendent aux Pracomtal, à la fin du dix-huitième siècle.

Le Château de Châtillon

Le château que nous admirons, aujourd'hui complétement restauré par son propriétaire actuel, M. le marquis de Pracomtal — conseiller général du canton et ancien chef de bataillon des mobiles de la Nièvre, en 1870, — autrefois très fort, est assis sur un rocher abrupt; l'abord du seul côté accessible était défendu par un large fossé et par trois enceintes fortifiées qui subsistent presque encore en partie. Les bâtiments d'habitation offrent les caractères architecturaux de la Renaissance et du siècle de Louis XIV. Quelques parties, comme la chapelle et le donjon, paraissent être des premières années du règne de Charles VI.

Lorsque vous irez à Châtillon, ne manquez pas, après avoir admiré le château, de vous appuyer sur le parapet qui lui fait face et de contempler le beau paysage qui se déroule devant vos yeux, tout le long du canal. Si c'est dans la belle saison, admirez les jardins qui se trouvent au-dessous de vous, ainsi que les beaux et vieux orangers qui les ornent. Tous ces terrains dépendent du château.

L'église de Châtillon, dont la partie occidentale est détruite, n'a d'intéressant qu'un joli tableau de Mignard, représentant le baptême de saint Jean; c'est un présent fait par l'artiste à sa marraine : la dame de Châtillon.

En passant près du pont-canal qui avoisine l'hôtel du Nivernais, où descend le conseil de revision, jetons un coup d'œil sur la maison qu'habita pendant plusieurs années, Mlle Tuilier, pensionnaire de la Comédie-Française et pensionnée du ministère des Beaux-Arts. C'est à Châtillon que vint prendre sa retraite celle qui fut la *Musette* de Mürger, dans la *Vie de bohème*. Que de beaux jours et que de succès elle remporta dans ce rôle qu'elle créa et personnifiait si bien ! C'est là que nous l'avons vue il y a quelques années.

Si vous traversez Châtillon par une belle journée, vous serez immédiatement séduit par le charme qui se dégage de son ensemble. C'est gai, propre et beau. Il faut voir aussi les superbes propriétés qui bordent l'Aron et dont les terrasses, en pelouses émaillées de fleurs, s'étendent jusqu'à la route.

Voici l'heure du déjeuner, entrons à l'hôtel du Nivernais où la table est servie.

La Sauce indienne

Le conseil de revision ne descend à l'hôtel du Nivernais que depuis quatre ans seulement. Auparavant, on descendait à un hôtel plus vaste et ayant plus d'apparence. Depuis plusieurs années, on disait chaque fois :

« Nous ne viendrons plus là, tâchons de trouver ailleurs. »

La raison en était qu'effectivement on y était très mal et surtout fort mal accueilli. Les gens étaient bourrus et mécontents, les chambres malpropres et exiguës, les mets mal accommodés, les sauces manquées.

Les sauces ! ah ! oui, parlons-en ! Rappelons la célèbre *Sauce indienne* ! Elle était blanchâtre ; elle figurait dans le poulet, dans les choux-fleurs, dans les crèmes, partout enfin ! On mangeait tout à la même sauce.

Avec ça le *Trompette* du logis, qui n'était autre

que le propriétaire de l'hôtel en question, vous regardait toujours avec un air maussade — comme si on lui avait vendu des pois qui ne veulent pas cuire, — ainsi que disait le général. Le conseil a donc changé d'hôtel, et il s'en trouve parfaitement.

La Villa des Roses

La séance du conseil de revision n'est qu'à une heure. Nous avons trois quarts d'heure devant nous, profitons-en pour visiter la Villa des Roses, en face de l'hôtel du Nivernais.

Le jardin que nous parcourons fut créé par notre vieil ami Braconnier, officier principal d'administration en retraite et juge de paix de Châtillon. Ce vieux brave avait la passion des roses, c'était un « rosomane » enragé. Tous ces rosiers que vous voyez là — il y en a 3,000 dont 600 variétés différentes — ont été plantés, greffés, écussonnés par lui. Les murs sont tapissés de roses.

Voici le « Maréchal-Niel » jaune d'or, qui s'enlace à « Reine-Marie-Henriette » groseille ; la « Gloire-de-Dijon » jaune saumoné rejoint « Rêve-d'Or » ; « Mademoiselle-de-Sombreuil », en toilette blanche, grimpe autour de « Perle-des-Jardins », dont les reflets jaunâtres éblouissent le « Général-Jacqueminot » tout cramoisi. Voyez comme « Alphonse-Karr », avec ses reflets rougeâtres, encadre « Victor-Hugo » tout rosé ; la mignonne « Madame-Eugène-Verdier » semble jaunie en présence de « Madame-Margottin » plus pâle ; le « Prince-Noir » brunit « Jean-Liabaud » tout empourpré.

Tout cela forme un volumineux bouquet de toutes nuances et de toutes couleurs, bien faites pour le plaisir des yeux.

De toutes les fleurs, il en est une qui n'est jamais démodée, toujours aimée, toujours belle, et que, depuis la plus haute antiquité, on n'a pas cessé de cultiver. Eh bien ! cette fleur, c'est tout ce qu'il y a de plus français, aussi a-t-elle un nom doux et charmant : la Rose.

Admirons ce joli massif multicolore :

Voici « Homère », entrelaçant ses rameaux avec ceux de « l'Arioste »; « Narcisse », croisant ses tiges avec celles de « Vulcain»; « Président-Thiers » à côté de « Général-Washington »; « Horace Vernet » associé à « Boïeldieu »; « Cornélie » en face de « Jeanne-d'Arc »; « Fontenelle » vis-à-vis d' « Ampère »; « Charlotte Corday » et « Rosa Bonheur », et tant d'autres.

Les rosiéristes ont parfaitement raison de donner aux belles variétés de roses des noms connus, qui, en même temps, peuvent servir à notre instruction. Les rosiers *thés*, qui sont les plus délicats, les plus fragiles, portent généralement des noms appartenant au sexe qui se fait appeler faible — par ironie sans doute.

Les rosiers *hybrides*, au contraire, plus résistants, moins fins, moins beaux, portent des noms de généraux, de poètes, de romanciers, etc.

Le goût des roses est aujourd'hui plus vif que jamais, et la culture du rosier prend de jour en jour une plus grande extension. On le retrouve partout, dans la demeure du riche et dans le modeste jardin de l'ouvrier. La rose est la plus belle des fleurs. Par sa forme élégante, par la beauté et la variété de son coloris, par son parfum suave et pénétrant, elle surpasse et éclipse toutes ses compagnes. Elle semble faite pour fixer tous les regards, recueillir tous les hommages et régner en souveraine dans le monde horticole. Reine des fleurs, l'univers est son domaine. Elle fut partout et toujours la fleur aimée entre toutes, et les poètes, épris de sa beauté, l'ont chantée dans tous les temps et dans tous les lieux comme la « Reine des fleurs ».

Il est l'heure d'entrer en séance.

Voici trois heures, les voitures nous attendent. Nous partons pour Moulins-Engilbert où nous allons coucher.

CANTON DE MOULINS-ENGILBERT (3,545 habit.)

Mardi 2 Juin 1891

Séance à deux heures du soir

Avant d'arriver à Moulins-Engilbert, ce village que vous voyez à droite est Commagny, où naquit le général Thibaudin, ancien ministre de la Guerre ; il y possède des propriétés. On sait que ce général, fait prisonnier pendant la guerre de 1870-71, s'évada et reprit du service en France sous le nom de *Commagny*.

Commagny avait autrefois un prieuré. L'église conventuelle, qui a été conservée, est romane, et son clocher byzantin.

Près de Commagny est une source dédiée à saint Genevrat. Les gens du pays affirment que ses eaux, quand on les prend à jeun, calment instantanément et préviennent les douleurs intestinales. Le jour de la Saint-Laurent, on y baigne les nouveau-nés ; sont-ils malades, on y trempe leurs langes.

Saint Genevrat a sa statue dans une niche placée au-dessus de la source ; comme il a la mission de veiller sur les campagnes, on tire son effigie du lieu où elle repose, pour la plonger dans l'eau, dès qu'elles souffrent de la sécheresse.

A-t-il assez plu ? Le saint, remis à sec, y remet bientôt l'atmosphère.

La voiture s'arrête; nous sommes à Moulins-Engilbert; reconnaissons nos chambres et allons faire un tour dans le pays, avant dîner.

De nombreuses médailles de tout module, des tuiles à rebords, des poteries antiques et plusieurs agrafes de tunique, trouvées à Moulins-Engilbert, y attestent le séjour des Romains; les alentours y sont sillonnés par des restes de voies ferrées qui, comme les rayons d'un vaste cercle, aboutissent de là à des localités déjà signalées à l'attention des archéologues.

Le Montjoux, qui en est voisin, avait autrefois, dit-on, un temple dédié à Jupiter.

La villa romaine fut sans doute détruite par les Barbares, mais son heureuse position au confluent du Guignon et du Garat, pouvait-elle rester inoccupée ? Bientôt une riche et puissante famille, qu'on désigne par le nom d'*Engilbert*, se construisit une forteresse au sommet de la hauteur, établit des moulins sur les deux rivières et, en peu de temps, l'efficacité de sa protection y attira une population nombreuse.

En 1216, la ville nouvelle et le château furent vendus par le seigneur de Bursay à Hervé, qui s'empressa de les réunir, avec leurs dépendances, au comté de Nevers.

Dotée d'une église à bonne heure, Moulins n'a eu de cure qu'à la fin du quatorzième siècle. Un peu auparavant, Marguerite de Flandre avait permis aux habitants de relier leur ville au château. Ils avaient déjà des priviléges communaux et des échevins.

Sis au centre des terres nivernaises, le château

de Moulins a été souvent le séjour de nos seigneurs et a brillé de l'éclat de leurs fêtes.

En 1290, il a vu célébrer le mariage de Louis de Flandre avec Jeanne, fille unique de Jacques, comte de Rethel, et, en 1424, celui de Bonne d'Artois avec son second mari, Philippe le Bon, duc de Bourgogne.

Pourvue d'une maladrerie dès le douzième siècle, d'un hôpital on ne sait quand, d'un couvent de Picpus en 1529, d'un monastère d'Ursulines en 1635, la ville de Moulins n'a conservé de tous ces bâtiments que celui où les malades étaient soignés.

Le château seigneurial, situé sur la hauteur, est écroulé plus d'à moitié; mais rien n'est beau comme ses ruines éparses, vues du côté du *guichet ;* ce qui reste de la porte d'honneur a quelque chose d'imposant. De loin, on remarque la belle tour carrée qui domine l'église ; elle se présente aux regards avec quatre belles niches où trônent les quatre évangélistes, et retentit à l'oreille étonnée par son carillon éclatant.

L'église, dont le transept est peu développé, n'a de bas côté qu'en sa partie méridionale; c'est là qu'était établi le chapitre. La crypte, qui est au-dessous du bas côté, a une voûte romane. La grande nef de l'église date du treizième siècle ; les nervures des voûtes s'y perdent dans de grosses et lourdes colonnes sans chapiteaux. Le chœur est assez léger et gracieux; ses fenêtres étroites et élancées ont conservé quelques-unes des belles verrières peintes qui les ornaient.

Nous tournons tout autour du château, ou plutôt de ses ruines, et de ses fossés remplis par les eaux du Guignon, affluent de l'Aron. C'est la rivière qui baigne Moulins-Engilbert ; dans cette ville, il se grossit du Garat ou rivière des Garats, longue de sept à huit kilomètres.

L'intérieur du château et ses dépendances sont occupés aujourd'hui par des jardins potagers.

Suivons le cours de la rivière pour rentrer à l'*Hôtel des Voyageurs,* qui nous héberge. Un mot sur les eaux.

Les Eaux de Moulins-Engilbert

Nous ne saurions trop vous recommander de vous abstenir de boire de l'eau naturelle de Moulins, car elle est absolument mauvaise. Les pharmaciens et les hôteliers de l'endroit le savent bien, aussi ont-ils toujours une provision d'eaux minérales très variées. Cela dit, donnez-vous la peine de regarder la rivière que nous longeons. Les eaux qu'elle roule péniblement sont noires, putrides, saturées de matières fécales qui s'imprègnent dans le sol et vicient les eaux des puits, contaminées par les infiltrations. Tout le long de la rivière, voyez se dresser ces petits buen-retiro qui s'y déversent et la souillent.

De très sérieuses épidémies de fièvre typhoïde se sont déclarées à Moulins-Engilbert et ont éprouvé une partie de la population. Quand donc se décidera-t-on enfin à canaliser ou à couvrir ce cloaque infect et à supprimer toutes ces latrines qui causent ce foyer pestilentiel? Au cours de chaque épidémie, on prend de belles résolutions, et une fois le mal momentanément disparu, elles s'évanouissent.

Autant en emporte le vent !

A part ce grave inconvénient, la ville de Moulins-Engilbert est agréable et très animée. Avant de partir, visitons quelques maisons antiques, notamment une maison de la Renaissance et une vieille et curieuse cheminée, proche de l'église et du château.

La Lieut-Mer

On parle de la *Lieut-Mer* à deux kilomètres de Moulins-Engilbert. Il y a sur elle une légende.

« C'est un énorme trou sans fond, » dit-elle.

On raconte qu'un jour un chariot attelé de deux bœufs y fut précipité avec son conducteur. Trois jours après, il reparaissait flottant sous le pont de la Loire, à Decize.

Vous voyez d'ici ce trou communiquant avec la Loire, d'autres disent avec la mer !

Curieux de constater *de visu* ce que c'était que la Lieut-Mer, nous nous sommes rendus en 1880 — dirigés par M. L. Gueneau, archéologue distingué, connaissant bien le pays — à la Lieut-Mer. Tous, nous avons poussé un immense éclat de rire en nous trouvant en face d'une mare, autour de laquelle on a établi des tuileries.

Nous nous sommes hâtés de rebrousser chemin et d'oublier cette fumisterie.

Le conseil de revision a formé le projet de faire une excursion à Saint-Honoré-les-Bains.

Walsdorff, le roi des cuisines, doit nous envoyer une voiture qui nous conduira de Moulins à Saint Honoré, où nous coucherons.

En attendant, allons à la mairie pour la séance.

Le Coup du chalumeau

Les conscrits de Moulins-Engilbert sont un peu bruyants, et ceux des communes voisines tâchent d'échapper, autant qu'ils le peuvent, à la loi du recrutement. C'est à peu près le seul canton, avec celui de Montsauche, où l'on trouve quelques simulateurs; encore le nombre en va-t-il décroissant.

A plusieurs reprises, des jeunes gens achetèrent à des colporteurs de passage une certaine poudre qu'ils s'introduisaient dans les yeux. Cette matière avait la propriété de dilater la pupille et de faire croire que l'individu était atteint d'ophtalmie, tout cela dans le but de se faire exempter du service militaire. Ils comptaient sans l'expérience du médecin-major et du conseil de revision; la supercherie était bien vite reconnue et les coupables déférés aux tribunaux.

La plus belle histoire de ce genre est celle qui se produisit à Moulins-Engilbert, en 1879.

Un ajourné de la classe de 1877, à l'appel de son nom, se présente devant le conseil de revision.

Le président lui demande s'il a quelque réclamation à faire; celui-ci lui répond que, depuis le dernier conseil, il lui est survenu une *hydrocèle*. Le médecin presse le testicule et en fait sortir un jet... *d'air*.

La supercherie est découverte, mais le Préfet tient à recueillir en séance même les aveux de ce farceur.

« Qui vous a engagé à employer ce subterfuge, pour tromper le conseil de revision et ne pas être soldat? »

Le conscrit, après bien des hésitations :

« Mossieu, *c'est ma sœur!* »

Quelques minutes après, d'autres conscrits se présentent atteints de la même infirmité. Ils furent interrogés et, en désignant le premier simulateur — qui se tenait à l'écart, par ordre — ils répondirent :

« *C'est sa sœur!* »

On dut les traduire devant le tribunal, conformément à l'article 60 de la loi du 27 juillet 1872, et ils furent condamnés à trois mois de prison, et, à l'expiration de leur peine, dirigés sur un bataillon d'Afrique.

Il résulta des enquêtes auxquelles fit procéder le parquet que, pour cent sous par tête, la sœur du jeune M... n'avait pas craint de pratiquer une incision et d'insuffler, à l'aide d'une paille ou chalumeau, de l'air entre la peau et le testicule des conscrits qui s'étaient confiés à ses bons soins dans le but de se soustraire au service militaire. Ce truc tourna à leur confusion.....

Voici le grand omnibus, attelé de trois chevaux, qui vient chercher le conseil. On descend les bagages, on les entasse pêle-mêle, et en route pour Saint-Honoré-les-Bains.

Une Excursion à Saint-Honoré-les-Bains

Les dix kilomètres qui nous séparent de Saint-Honoré-les-Bains sont bientôt franchis, et nous sommes en vue de l'établissement.

Nous descendons à l'*Hôtel des Bains ;* voici M. et Mme Walsdorff qui viennent au-devant de nous et nous font indiquer nos chambres.

Nous avons hâte de redescendre pour visiter l'établissement thermal qui appartient à M. le marquis d'Espeuilles, général de division de cavalerie, et à M. le comte d'Espeuilles, député de la Nièvre, frère de père du précédent.

Dès la plus haute antiquité, Saint-Honoré jouissait d'une grande vénération ; les Gaulois, qui adoraient les fontaines, avaient pour les sources d'eau chaude un culte tout particulier. Après la conquête, les Romains, habitués à une vie molle et voluptueuse, ne négligèrent pas plus la source du Morvand que les autres sources de la Gaule ; on creusa de vastes bassins, qu'on orna de marbres magnifiques, non amenés à grands frais de la Grèce, comme l'ont pensé plusieurs archéologues, mais extraits dans le Morvand même d'une riche carrière exploitée, il y a quelques années encore, à Champrobert, dans la commune de Chiddes. On éleva de splendides édifices et, bientôt, autour de la fontaine, se groupa une ville que quelques auteurs nomment *Arboutana*, et dont ils portent la population à 15,000 habitants.

Nous pensons que ces thermes ne sont autre chose que l'*Aquæ Nisincei* de la carte de Peutinger, que tous les historiens, jusqu'ici, ont vu dans Bourbon-Lancy.

Quoi qu'il en soit, « ces bains, dit le docteur Pillien, qui les analysa en 1815, devinrent alors un rendez-vous où se précipitaient, chaque année, des malades des deux sexes, des citoyens de toutes les classes. On y venait de très loin chercher un remède aux maux contre lesquels avaient échoué les moyens ordinaires, et rarement on était trompé dans son espérance ».

Ces eaux avaient déjà été analysées, en 1786, par le docteur Regnault, de Lormes, qui prescrivit quelques règles pour s'en servir.

En 1804, M. Pillien fit faire des fouilles, dans l'intention de découvrir quelques portions des établissements romains et d'augmenter le volume d'eau.

En 1813, le docteur Bacon exécuta une partie du projet de M. Pillien, fit une construction importante et rassembla dans un bassin les eaux éparses qu'il soumit à l'appréciation du célèbre Vauquelin.

Depuis, aucune amélioration ne s'opéra dans l'établissement de ces bains jusqu'en 1836, époque où les acheta M. le marquis d'Espeuilles, qui devait leur rendre leur antique célébrité.

Si l'on en croit Aymoin, les vétérans des légions que César laissa dans la Nivernie, sous le commandement d'Antistius Reginus, furent guéris d'une lèpre hideuse par le secours de ces eaux.

Elles furent visitées également par Probus et Constantin. Cette splendeur se conserva long-temps encore après l'invasion des Barbares ; mais vinrent les Sarrasins qui, après avoir brûlé Autun, détruisirent de fond en comble et les bains et la ville.

Cependant, la réputation de la source ne fut point ensevelie sous les débris des thermes ; leur efficacité attire toujours grand nombre de ma-lades, et, sur les ruines de la ville célèbre, s'éleva un misérable village qui se plaça sous le patro-nage de saint Honoré, pieux et savant théologal de l'église d'Autun, vivant au douzième siècle.

Tel fut pendant longtemps l'état des bains de Saint-Honoré. Mais, il y a une quarantaine d'an-nées, nous a-t-on affirmé, une pensée généreuse fit entreprendre des fouilles qui eurent les plus heureux résultats. La première couche de terre enlevée, chaque coup de pioche amenait à la surface du sol des statuettes, des médailles en or et en argent, depuis César jusqu'à Constantin, des fragments de marbres, des débris de tuiles romaines, de briques à rebords et de vases sur lesquels on lisait le nom de l'ouvrier : *Biturix, f.* On poursuivit avec activité ; le succès alla tou-jours croissant.

Sous une masse de terre d'environ neuf mètres, on trouva des sources beaucoup plus chaudes que celles qu'on connaissait, et qui, contenant à plus forte dose le gaz acide hydro-sulfurique, se trouvaient dans une parfaite analogie avec les eaux de Baréges ; puis on finit par découvrir les anciens puits très bien conservés et la vaste en-ceinte ovale de plus de vingt mètres de long dans laquelle ils ont été creusés, avec les débris de ses parois et son magnifique dallage en marbre blanc.

A force de persévérance et d'argent, M. d'Espeuilles avait vu ses vœux réalisés : les thermes romains étaient découverts.

Sortons de l'hôtel pour aller visiter l'établissement ; voici M. Volat, l'aimable directeur, qui va nous donner toutes les explications de nature à satisfaire notre curiosité ; suivons-le.

La station hydro-minérale de Saint-Honoré est pittoresquement assise au pied du Morvand, à 302 mètres d'altitude au-dessus du niveau de la mer.

La commune, qui compte 1,716 habitants, est entourée d'une triple ceinture de forêts, dont l'action ozonisante, éminemment dépuratrice de l'atmosphère, aide à la guérison de tous les malades en général.

Toute cette région est salubre au plus haut degré et, de tout temps, respectée par les épidémies quelles qu'elles soient ; on connaît, du reste, l'action antiseptique remarquable qu'exercent sur l'air atmosphérique les particules sulfureuses. A l'Est, au Nord, un paysage montagneux des plus pittoresques vient charmer, à chaque instant, les yeux des baigneurs.

Ce ne sont que verdoyants pâturages, clairs et frais ruisseaux, admirables cultures, sites accidentés, points de vue enchanteurs.

Les thermes actuels remontent à 1851, époque à laquelle le génie bienfaisant de feu M. le sénateur marquis d'Espeuilles décida du captage des eaux et de l'installation définitive d'un établissement hydro-minéral.

Cet établissement, aujourd'hui l'un des plus confortables de notre pays, est entouré d'un beau parc et couronné par un mamelon revêtu de pins et de chênes séculaires. Outre les sources si abon-

dantes et si remarquables, il est (chose rare en
France) muni d'une eau de source froide : la
Vieille-Montagne, dont la température n'excède
jamais huit degrés dans les plus grandes chaleurs ; précieuse ressource pour les pratiques
hydrothérapiques, si importantes en médecine
thermale.

Visitons les cinq sources minérales : *Marquise*,
Romains, *Crevasse*, *Acacia* et *Grotte*.

Leur thermalité tiède varie entre vingt-trois et
trente et un degrés ; elles fournissent par vingt-
quatre heures un volume de près de mille mètres
cubes d'eau.

Toutes les sources émergent selon une ligne
presque droite de 60 mètres environ, à une altitude de 272 mètres ; elles constituent, par leur
teneur variée en principes minéralisateurs, une
sorte de *gamme* thérapeutique dont l'adaptation
se fait aisément aux individualités morbides si
variables, pour lesquelles cette station se trouve
être tout indiquée. De plus, grâce à l'association
du soufre et de l'arsenic, Saint-Honoré constitue
un type particulier, unique en France, l'eau
sulfo-arsénicale : cette association qui explique
l'étrange stabilité de ses effets physiologiques et
qui rend compte, jusqu'à un certain point, des
guérisons inespérées qu'elle provoque.

Pénétrons dans l'établissement qui est construit sur les sources mêmes, d'après les plans de
l'ingénieur François. Il est distant de 400 à
500 mètres du bourg de Saint-Honoré. Notre aimable guide nous montre plusieurs buvettes
pour les sources, deux vastes salles d'inhalation,
une salle de pulvérisations chaudes et froides,
vingt-cinq cabinets de bains, comprenant vingt-
cinq baignoires ; cinq cabinets avec bains et
douches chaudes et froides, un cabinet pour bains
de siège froids et un pour bains de siège chauds,

un cabinet avec appareils perfectionnés pour
douches ascendantes, injections et irrigations
vagino-rectales, douches circulaires et périnéales;
quatre salles pour douches de pieds et de jambes,
deux salles pour bains de pieds, un préau pour
les gargarismes, deux salles pour bains et douches
de vapeur, etc., etc.

Notre cicerone ouvre une porte au fond d'un
couloir. Nous voici devant une vaste piscine à
eau courante, vraie rivière sulfureuse, à 31 degrés, dont l'eau est incessamment renouvelée,
carrelée et entourée de carreaux en faïence
émaillée. Cette eau, qui paraît d'un bleu ver-
dâtre, vous attire, vous fascine. Immédiatement
l'idée de *prendre un bain* germe dans nos cer-
veaux. On projette de venir le lendemain à
six heures du matin. L'un d'entre nous dit :

« Mais pourquoi ne pas prendre un bain tout
de suite, et un autre demain, avant de partir? »

Cette motion est adoptée à l'unanimité et nous
nous disposons à nous plonger dans la piscine.
Nous nous rendons à cet effet au guichet pour
nous procurer des tickets; nous tirons nos porte-
monnaie pour payer, on refuse notre argent;
impossible de l'accepter, c'est l'ordre du directeur.

Nous revenons à la piscine; voici, tout autour,
des bancs pour déposer les habits et, par devant,
des rideaux qui nous isolent et nous permettent
de nous déshabiller. On nous a procuré des ca-
leçons de bain, nous les endossons et nous nous
précipitons à l'eau. Voilà le conseil de revision
qui prend ses ébats dans la vaste piscine, où l'on
est fort commodément pour se livrer au salutaire
exercice de la natation; aussi nous nous en don-
nons à qui mieux mieux.

Il y a trois quarts d'heure que nous barbotons
dans le liquide élément, il est temps d'en sortir.

Nous reprenons le chemin de l'hôtel où nous attend un copieux dîner.

Walsdorff est un cuisinier émérite ; il a, du reste, fait ses preuves, et ses talents culinaires lui ont acquis une réputation incontestable et incontestée, d'ailleurs. Mais, ce soir, il a tenu à se surpasser, et le dîner est exquis ; les mets sont présentés d'une façon qui flatte les yeux et prédispose favorablement le palais.

M. le Préfet offre le champagne. Tout le monde est d'une gaieté folle. Est-ce le bain ? est-ce l'air des montagnes ? Chacun apporte son contingent de bonne humeur et se met à narrer les histoires et aventures les plus drôles et les plus folâtres...

Enfin, nous gagnons nos chambres et nous nous abandonnons aux douceurs d'un profond sommeil.

CANTON DE CHATEAU-CHINON (2,713 habitants)

Mercredi 3 Juin 1891

Séance à une heure et demie du soir

Six heures du matin ! Nous sommes sur pied ; filons à la piscine. Nous nous plongeons dans ses eaux bienfaisantes ; un bol de lait, et en route pour Château-Chinon.

L'omnibus qui nous a amenés à Saint-Honoré nous conduit à la gare de Vandenesse, où nous prenons le train qui passe à neuf heures vingt-cinq du matin.

Nous débarquons à Château-Chinon à dix heures et demie, nous gravissons à pied la longue côte qui nous mène à la sous-préfecture, où M. Prêtre nous a fait préparer à déjeuner. La franche gaieté du Sous-Préfet est communicative et sa verve endiablée nous met en belle humeur. Les histoires qui ont *cours* dans les conseils de revision continuent le *leur*, au milieu des rires de l'assemblée.

Nous nous rendons à la mairie où a lieu la séance. Nous avons hâte de terminer nos opérations pour visiter la capitale du Morvand.

Par la nature et la configuration du sol, aussi bien que par les mœurs et les coutumes de ses habitants, le Morvand est une de ces contrées qui n'ont rien de commun avec celles qui l'avoisinent : il offre un contraste frappant avec le reste du Nivernais.

L'étymologie est tirée du celtique : *mor*, noir, et *vand*, montagne ; elle donne une idée exacte de la physionomie du pays.

Compris dans le territoire des Edues, le Morvand suivit les destinées de cette importante tribu de la race gallique. Les monuments celtiques, nombreux autrefois, y disparaissent chaque jour. Néanmoins, la *Chapelle-au-Chêne*, près de Château-Chinon, rassemble toujours les pèlerins sous l'ombrage d'un chêne trois fois séculaire, au pied duquel, suivant la tradition, est enfouie la pierre qui formait l'autel de l'ancienne chapelle de Tressolles, et qu'un pouvoir surnaturel empêcha de transporter plus loin.

Montons au sommet de Château-Chinon, sur la montagne appelée le Calvaire.

Le Château

Château-Chinon, *Castrum Caninum*, tire son nom d'un *castrum* ou fort que César y aurait fait construire pour placer ses chiens. Selon certains, ce *castrum* était un temple gaulois dédié à Mercure que les Gaulois adoraient sous le nom de

Teutatès, et auquel les chiens étaient consacrés. D'autres encore, remontant plus haut, donnent pour fondateur, à Château-Chinon, Samantesse, petit-fils de Japhet, qui aurait eu une femme appelée *China*.

Quoi qu'il en soit, on voit sur la montagne qui domine celle sur laquelle la ville est assise, à 610 mètres d'altitude, près des débris du château féodal, un fragment de tour qui présente tous les caractères d'une construction romaine. C'est peut-être le reste d'un *castrum*, tel que les vainqueurs des Gaules avaient coutume d'en construire sur les hauteurs, dans les contrées surtout dont ils n'avaient, comme le Morvand, soumis que le sol.

Un savant prétend avoir trouvé la véritable étymologie : la première partie *castrum*, et la deuxième il la trouve dans la langue des vaincus, *can*, blanche, et *nein*, cime, dont les Romains firent *caninum*, par conséquent *Castrum Caninum*, qui ne veut dire autre chose que *Château de la Cime blanche*.

Le sommet est surmonté de trois croix sur lesquelles une quantité de touristes ont gravé leurs noms. Là, on jouit d'un panorama splendide. Nous revoyons l'église de Lormes, et différentes communes du Morvand groupées autour de leur clocher.

M. le docteur Paul Lemoine, qui a bien voulu nous accompagner, nous dit que l'on distingue à certains jours, lorsque l'air est transparent, les montagnes de l'Auvergne et le mont Blanc. On resterait là en contemplation des heures entières.

Maintenant, descendons.

Les premières maisons de Château-Chinon furent naturellement bâties à l'ombre du *Château de la Cime blanche*, autour d'un prieuré de Bénédictins fondé en 1077. Les progrès de la cité

naissante furent assez rapides en un siècle pour
nécessiter l'érection d'une église paroissiale,
Saint-Romain, qui subsista jusqu'à la Révolution.

La version suivante a cours dans les conseils
de revision de la Nièvre depuis bien des années :

Lors de leur comparution devant le conseil, il
serait facile de distinguer ceux des conscrits qui
appartiennent à la race gauloise ou à la race latine. Ceux qui ont le bout des seins rose sont
des Gaulois; ceux qui l'ont noir, sont des
Latins.

Nous ne prenons pas la responsabilité de cette
explication ; nous la laissons volontiers à ceux
qui ont fait la trouvaille.

Quelques tours dans cette bonne capitale du
Morvand, qui possède un bel hospice et plusieurs monuments passables, et regagnons la
sous-préfecture où M. le Sous Préfet offre un
grand dîner aux membres du conseil de revision
et aux principaux fonctionnaires de Château-
Chinon.

Nous rentrons dans nos chambres pour nous
mettre en tenue. Notre aimable amphitryon me
demande si je suis bien installé et si je reconnais
bien ma chambre de tous les ans.

Si je la connais cette chambre qui me rappelle
de vieux souvenirs, je le crois bien ! et je fus payé
pour ne pas l'oublier. C'est là qu'il y a neuf ans,
en 1882, à la suite d'un accident survenu pendant la tournée du conseil de revision, on me
transporta avec une jambe fracturée et une superbe entorse !

La voiture dans laquelle je me trouvais avec
un conseiller de préfecture, par suite d'un écart
du cheval, fut précipitée dans un ravin, et nous
ne dûmes notre salut qu'au saut que nous exé-
cutâmes. Mon compagnon s'en tira avec une

luxation de la rotule du genou, et moi, qui fus rejeté, en sautant, sur un bloc de granit, avec deux fractures à la jambe gauche et une entorse par diastasis avec arrachement des liga- ments, etc.

Le cheval fut abîmé, la voiture brisée, et le conducteur en fut quitte pour quatre côtes enfon- cées.

Heureusement tout cela fut fort bien remis par le docteur Paul Lemoine, qui n'en était pas à son coup d'essai, et par le médecin-major qui assistait le conseil de révision. Je restai donc dix jours dans cette petite chambre de la Sous- Préfecture et ne pus me faire voiturer chez moi que lorsque l'on fut bien sûr que les appareils étaient forts et bien solides.

Passons à table.

C'est le Sous-Préfet de Château-Chinon qui, avec M. Bruman, font les grands frais de la con- versation. On mange avec appétit; tout est bon.

Au dessert, M. Ducrais, maire de Château- Chinon, nous raconte, en patois morvandeau, quelques petites histoires qu'il agrémente de maints détails fort amusants. Tout le monde rit.

La musique de Château-Chinon vient donner un concert, et nous passons au salon pour prendre le café. La musique continue à nous charmer; les musiciens sont rafraîchis longuement, com- plimentés par nous tous, et notamment par M. le Préfet qui leur adresse une de ces délicates allo- cutions dont il possède à fond le secret.

La soirée se prolonge jusqu'à minuit et, comme nous nous sentons fatigués, nous allons goûter un repos bien gagné.

ÇANTON DE MONTSAUCHE (1,542 habitants)

Jeudi 4 Juin 1891

Séance à une heure de l'après-midi

De Château-Chinon à Montsauche, il y a vingt-six kilomètres à parcourir en voiture, à travers un pays très accidenté et entièrement boisé. Nous partons à huit heures du matin, afin d'arriver à onze heures et demie pour déjeuner.

Nous traversons le Morvand proprement dit, le pays des granits, des porphyres, des gneiss, qui occupe les bassins de l'Yonne, de la Cure et de divers affluents ou sous-affluents de l'Aron. Ici se dressent de hautes cimes; là s'étendent les longues croupes nues ou revêtues de forêts; là sourdent les innombrables petites sources, se forment les étangs d'où sortent une infinité de ruisseaux servant au flottage des bois; là, enfin, se rencontrent les *ouches* ou terres fertiles, espèces de jardins dans le voisinage des maisons, les champs de bruyères et de genêts. La France ne possède guère de département plus boisé; et aucun autre n'envoie plus de bois flotté à Paris.

Nous sommes arrivés à Montsauche; nous descendons à l'hôtel Colas où le déjeuner nous attend. On nous sert des truites et un superbe brochet provenant du lac des Settons. Cette année, nous n'irons pas le visiter, car nous y avons fait une excursion l'année dernière.

Le Lac des Settons

De Montsauche au lac des Settons, il y a cinq kilomètres à parcourir.

Le lac ou réservoir des Settons a été construit pour aider au flottage et à la navigation de la

Cure et de l'Yonne dans les prairies maréca-
geuses. Il est alimenté par les eaux de la Cure
qui le traverse et les eaux des pluies.

La Cure a sa source à treize kilomètres à l'est-
nord-est de Château-Chinon, dans le département de Saône-et-Loire, en plein Morvand, à
700 mètres d'altitude, dans la forêt d'Anost.

A une faible distance, elle entre dans la Nièvre
et traverse le lac des Settons. Ce lac, étang, réservoir ou barrage — comme on voudra l'appeler
— a été commencé avant 1848 et terminé en 1861.
Sa digue, construite en granit, a 267 mètres de
longueur, 20 mètres de hauteur au-dessus du
massif des fondations, 11 m. 40 d'épaisseur à la
base, et 4 m. 90 au sommet.

Elle retient un lac de 403 hectares, de 18 mètres de profondeur maxima, d'une contenance de
23 millions de mètres cubes, dont l'altitude est
d'environ 580 mètres. Cette puissante réserve,
capable de fournir plus de deux mètres cubes et
demi d'eau par seconde pendant les cent jours
les plus chauds de l'été, ne sert pas seulement à
la Cure et à l'Yonne, elle contribue aussi à l'ali-
mentation des canaux de Nivernais et de Bourgogne. L'administration des ponts et chaussées
(navigation), qui dirige ce service, y a fait construire une grande maison qui domine le lac.

Lorsque le préfet y vint l'année dernière avec
le conseil de revision, un conducteur des ponts et
chaussées fut envoyé par l'ingénieur en chef et,
assisté de plusieurs agents, fit jouer les eaux. Ce
spectacle est grandiose. A un moment donné, au
moyen d'un mécanisme très ingénieux, les vannes
se lèvent et livrent passage à une énorme masse
d'eau qui se précipite à travers les canaux en
lançant des flots d'écume.

Le lac des Settons est très poissonneux; il
renferme en quantité considérable des brochets,

des carpes, des truites, des fera, poissons blancs importés du lac de Genève. A diverses reprises, on y fit des essais de pisciculture. Les grandes pêches se font tous les deux ans, à l'époque des chaleurs.

Le lac est mis à peu près à sec, et c'est un spectacle vraiment extraordinaire que tous ces poissons qui se débattent, scintillant au soleil comme s'ils étaient d'argent. Les gros brochets se réfugient au fond du lac où il est presque impossible de les atteindre.

Lorsqu'on inonda la vallée — en cuvette — qui forme la base du lac, on y laissa quelques maisons qui se trouvaient là ; ce sont leurs ruines qui servent d'asile aux poissons que leur instinct y attire, lorsqu'on vide le lac.

Une fois sortie du lac des Settons, la Cure passe au pied de la colline de Montsauche ; puis, un peu en amont du pont Dupin, elle s'engage dans des gorges granitiques, étroites, désertes, où elle se brise sur des blocs de rochers qui sont un grand obstacle au flottage du bois.

La séance du conseil de revision est terminée.

Ne quittons pas la superbe mairie de Montsauche sans visiter le musée fort intéressant qu'y a installé M. le docteur Monot, conseiller général et maire de Montsauche ; il y consacre tous ses soins et l'enrichit tous les jours de curiosités nouvelles.

Il ne nous reste plus ensuite qu'à rentrer à Château-Chinon, pour prendre le train qui part à six heures quarante du soir. Nous nous embarquons au milieu d'un orage épouvantable. Arrivés à Cercy-la-Tour, où l'on a un arrêt de quinze minutes, nous allons dévaliser le buffet d'où nous rapportons quelques provisions que nous absorbons en route, car nous n'avons pas dîné.

Enfin, à dix heures trente, nous faisons notre rentrée dans notre bonne ville de Nevers, et... notre tournée de revision est terminée pour cette année.

Les arrondissements de Nevers et Château-Chinon fournissent à l'armée un contingent relativement bon. Les cantons de Saint-Benin-d'Azy, Saint-Saulge, Saint-Pierre-le-Moûtier, Châtillon et Montsauche notamment, produisent des conscrits vigoureux et bien râblés.

Il est regrettable, au point de vue du recrutement, que les élèves des hospices de Paris soient envoyés en si grande quantité dans notre département.

Ils font tache au milieu des jeunes gens de la Nièvre et, pour la plupart, sont déclarés impropres ou classés dans les services auxiliaires.

CONCLUSION

Voici les résultats numériques de la classe de 1890, pour l'ensemble du département :

Jeunes gens inscrits sur l'ensemble des listes 3059

Déclarés propres au service armé, dont 401 dispensés en vertu des articles 21, 22 et 23 2061
Déclarés impropres pour infirmités . . 215
Classés dans le service auxiliaire . . . 183
Engagés volontaires 218
Ajournés à un an pour faiblesse ou défaut de taille 382

TOTAL ÉGAL. . . . 3059

TABLE DES MATIÈRES

FIN.

Nevers. — Imprimerie Nivernaise, 10-91-1056

N Mars 29

www.ingramcontent.com/pod-product-compliance
Lightning Source LLC
Chambersburg PA
CBHW072148270326
41931CB00010B/1925